歴史文化ライブラリー

440

よみがえる古代山城

国際戦争と防衛ライン

向井一雄

吉川弘文館

目　次

古代山城とは何か―プロローグ…………1
日本最古の築城／弥生の山城―高地性集落―／中世の山城／朝鮮半島の山城／朝鮮式山城と神籠石系山城

古代山城の性格と年代をめぐって

どういう遺跡か―古代山城を歩く…………10
北部九州から瀬戸内に集中／分布の特徴／山城の立地／城郭の形態／嶮山城と緩山城／土塁と石塁／列　石／列石前面柱と版築工事／城　門／城内施設

神籠石論争顛末記…………28
神籠石とはイワクラか？／神籠石が古代山城の名称となった経緯／柳田國男の神籠石批判／論争の帰着点

発掘調査と山城説……36
論争その後―昭和初期の研究―／戦後の研究のはじまり／原田大六の愚城論／発掘調査とその功罪／古代山城の分類・名称問題

古代山城ブームの時代……48
在地勢力築城説／空想の複合遺跡／九州王朝築城説／唐築城説／年代論の対立／城内調査が先行した朝鮮式山城／古代山城ではないかと騒がれた遺跡／斉明朝築城説

混迷する古代山城論……63
継続調査の開始と新遺跡の発見／史跡の分類と遺跡の呼称問題／発掘調査の進展と年代論―先行説対後出説の行方―／文献史学と古代山城論／古代山城研究が混迷を続ける背景

古代山城研究最前線

阿志岐山城の発見……74
阿志岐城発見記／大宰府羅城の東の守りか？／例を見ない特異な構造／外郭線の三分の二に列石・土塁がない？／蘆城駅や米の山峠越え豊前路との関係

鬼ノ城の発掘……85
門礎石の発見／石敷きの城門跡とコの字形門礎石／県による城内調査開始

―土器大量出土～年代決定へ―／七世紀第４四半期の築城
大野城での列石確認……97
水害復旧工事に伴う発掘調査／大野城でも列石と柱穴列を確認／城門跡の発見―門扉の軸受金具も初出土―
大倉庫群の謎……105
大野城の礎石建物群／礎石建物群の築造時期／倉庫群の築造目的／管理棟と兵舎
見せる山城……114
おつぼ山城と駅路／欠石区間の謎／駅路からみた古代山城／土塁すらない城／見せる城の目的
韓国における城郭研究の進展……123
百済式山城という幻影／韓国古代城郭の調査／五世紀後半の高句麗南進拠点の発見／七世紀の百済山城の実態／聖興山城の新城と古城／伽耶の城郭／列石が出現するのは統一新羅以降
古代山城研究はどこへ向かうのか……137
阿志岐山城発見に対する研究者の反応／韓国と中国の城郭調査の進展／編年観の相違／古代山城を「城」として考えるには／韓国からみた日本の古代山城研究／これからの課題

東アジアの争乱と古代山城

白村江の戦いと古代山城……146

水城の構造／烽と防人／築城記事は着工か完成か／城（キ）は百済語か／唐からの使節と軍事プレゼンス／長門の城論争／長門城はどこにあったか／近江遷都の背景／高安城の築城／屋嶋城と讃岐城山城／高句麗の滅亡

羅唐戦争と東アジア情勢の推移……162

唐の倭国征討計画／唐と新羅と百済、三つどもえの外交戦／二〇〇〇人の大使節団の謎／壬申の乱と古代山城

天武・持統朝と古代山城……167

天武朝の軍国体制／羅唐戦争の推移／大宰・総領制と瀬戸内の山城／飛鳥浄御原体制と筑紫新城／三野・稲積城について／征隼人軍と鞠智城

奈良時代以降の古代山城……178

奈良時代、金田城に防人はいなかった／高安城の廃城／『三国史記』の謎の記事／渤海の遣使と唐渤戦争の危機／天平の節度使設置／新羅遠征計画と怡土城／怡土城について

古代山城の終焉……189

平安時代の大野城／城内の寺院・宗教施設／新羅海賊の来寇／菊池城院と公営田制／九世紀後半の社会不安と古代山城

伝説となる古代山城—エピローグ……………… 197
根づかなかった防衛システム／伝説化する古代山城
あとがき
参考文献
付　録

1　古代山城とは何か

古代山城とは何か——プロローグ

「秋八月に、達率答本春初《たちそつとうほんしゅんそ》を遣して、城《き》を長門《ながと》國に築かしむ。達率憶《おく》禮福留《らいふくる》・達率四比福夫《しひふくふ》を筑紫《つくし》國に遣して、大野及び椽《き》、二城を築かしむ」

日本最古の築城

（秋八月、達率答本春初を遣わして、長門国に城を築かせた。達率憶禮福留・達率四比福夫を筑紫国に遣わして、大野及び椽〈基肄《きい》〉の二つの城を築かせた）

これが『日本書紀』天智紀四年（六六五）条に記された日本最初の築城記事である。六六〇年（斉明六）、唐・新羅《しらぎ》連合軍に滅ぼされた百済《くだら》を救援するため、倭国は大兵力を半島に送り込んだが、六六三年（天智二）の白村江《はくすきのえ》《はくそんこう》の戦いで大敗してしまう。唐の攻撃を恐れた、時の天智政権は六六四年に防人《さきもり》と烽《とぶひ》を設置、福岡平野の奥に水城《みずき》を築き、翌六六六

図1　水城と大野城（九州歴史資料館提供）

五年には百済からの亡命貴族である達率憶禮福留らを派遣して大野《おおの》城・基肄《きい》城、六六七年には高安城などを築城させて、北部九州から畿内までの長大な防衛ラインを敷いた。

水城の名前は歴史の教科書にも登場するので覚えている方も多いと思う。博多から南下して太宰府方面へ向かう途中、電車の車窓から両側にこんもりとした緑色の森が見えてくる。気をつけていないと自然の丘と見まがうほどだが、森全体が人工の土盛りでできている。これが水城の大堤である。かつては水城の城壁の外側（博多湾側）に水濠《すいごう》があった。その水城の北側にはひときわ高い山がそびえているはずだ。最古の山城—大野城はその山に築かれている。

築城を指導した百済の亡命貴族らは憶禮福留の他四人の名前が伝わっており、皆兵法に通じていたという。彼らが築いた城が本書のテーマである古代山城である。

「古代山城《こだいさんじょう》」というと、皆さんはどのようなイメージをお持ちだろうか――「山城」という言葉から〝砦〟のようなものを想像する人も多い。

弥生の山城――高地性集落――

古代の砦というと弥生時代の中後期の倭国の争乱期に瀬戸内を中心に現れた高地性集落を想起する人もいるに違いない。高地性集落は弥生の山城ともいわれるのでますます似ている感じを受ける。しかし高地性集落と古代山城では規模がまるで違う。たとえば教科書にも出てくる香川県の紫雲出山《しうでやま》遺跡は瀬戸内海に突出した三崎半島の先端近くの標高三五二メートルの山頂部に位置するが、東西二〇〇メートル、南北数十メートルの範囲に遺跡が広がる。岡山県の貝殻山遺跡の場合、当時島だった児島半島の標高二八八メートルの山頂にあり、竪穴式住居六棟と貝塚が検出された。この遺跡の範囲は一五〇メートルに満たない。高地性集落の中でも最大級クラスの大阪府の観音寺山遺跡は一〇〇棟以上の竪穴式住居と集落の周囲にはV字型の環濠が廻らされていたが、東西五〇〇メートル、南北三〇〇メートル（面積五〇〇〇〇平方メートル、周囲約一キロ）である。

これに対して、古代山城は日本の場合、最も小さい播磨城山城で周囲一・七キロもあり、普通は二〜三キロ、大きいものでは大野城のように六キロを越える。

異なるのは規模だけでなく、高地性集落の防御施設が環濠《かんごう》と濠を掘った土を盛り上げた土塁《どるい》からなるのに対して、古代山城の城壁は幅も高さも大きな版築《はんちく》土塁で造られており、谷部には石塁《せきるい》が築かれている。

中世の山城

「お城」というと日本では江戸時代の天守閣を持つ近世城郭のイメージが根強い。最近では戦国時代に築かれた山城がたくさんあることが知られるようになり、城郭ファンの間では中世城郭・山城《やまじろ》がブームとなっている。それでは古代山城を中世の山城と比較してみるとどうだろうか？

中世の山城の場合、規模の大きな城では曲輪《くるわ》（郭）と呼ばれる削平地を段々に造って全山を要塞化しているところもある。日本一大きな石垣造りの山城といわれる観音寺山城（滋賀県）や高取《たかとり》城（奈良県）などがその好例だろう。周囲は二〜三キロで一つの山を要塞化するという規模の点では古代山城にも劣らない。中世の山城の研究者の中には中世でも初期の山城——南北朝の頃の山城は古代の山城と系譜的に連なると思っている人もいる。

しかし、古代の山城と中世の山城には根本的な構造に違いがある。中世の山城が曲輪を単位とするのに対し、古代山城は基本的に曲輪を持たない。もちろん城内に建物や居住空間としての削平地は存在するが、古代山城は土塁や石塁で山地全体を囲い込む形を取っている。

時代的にも初期の中世山城が南北朝頃（十四世紀頃）に対して古代山城は飛鳥時代から奈良時代の初め（七世紀後半〜八世紀初め）にかけて造られている。その間約六〇〇年もへだたっている。

また中世の山城の総数が五万余といわれるのに対して古代山城の遺跡は北部九州から瀬戸内沿いの旧国単位に一ヶ所から二ヶ所、全部で三〇に満たず、桁違いに少ない。これは城郭を築いた勢力（専門用語で築城主体という）の違いと築城され使用された期間が反映している。古代の山城が古代国家によって造られた要塞群だったことが数の面からもわかると思う。

朝鮮半島の山城

古代山城は朝鮮式山城とも呼ばれる。朝鮮半島の城の様式で造られたことが名前の由来であり、日本の古代山城は朝鮮半島にルーツを持っているといえる。

朝鮮半島では紀元前をさかのぼる時代から中国大陸の諸勢力からの侵略を何度も受けてきた。漢武帝《ぶ》による衛氏《えいし》朝鮮の滅亡と楽浪郡《らくろうぐん》の成立、三国志の魏《ぎ》の時代の毌丘倹《かんきゆうけん》の高句《こうく》麗《り》侵攻、前燕《ぜんえん》の鮮卑《せんぴ》慕容《ぼよう》氏による高句麗丸都城の攻略などなど、そのような歴史の中で造り出されたのが朝鮮半島の山城である。

図2　韓国・三年山城城壁

朝鮮の山城は朝鮮三国時代に発達した城郭形式で、朝鮮固有の形式である。基本的には単郭プランで山地を稜線などの地形を利用して石塁や土塁で囲い込む。形態は方形ではなく、いびつな方形、多角形、楕円形など定まっていない。周長が数十メートルの堡塁《ほるい》のようなものから数キロにおよぶ巨大山城まである。また長城《ちょうじょう》、遮断城のような谷間の交通路を塞ぐ関隘《かんあい》型式もある。日本の水城もこの遮断城の一種である。

大小の山城群は密接に連携して国境から王都まで縦深シフトの配置をとり、外敵が侵入すると各地の兵民は山城に逃げ込み籠城《ろうじょう》する。そうして敵の兵站線《へいたんせん》が延びきったところを遮断し撃退するという半島の戦法にかなった軍事施設である。

朝鮮半島の山城は主要城跡に限っても二〇〇〇ヶ所を超えるといわれ、三国《さんごく》時代から高麗・朝鮮王朝時代まで使用されている。

朝鮮式山城と神籠石系山城

日本の古代山城には『日本書紀』など史書に記録の残るものとそうでない山城がある。現在、記録の残る山城を「朝鮮式山城」、記録のない山城を「神籠石《こうごいし》系山城」と呼んでいる。

「神籠石」という奇妙な名前の謎の遺跡が北部九州を中心に分布していることを知っている方もいると思う。神籠石はいつ、誰が、何のために造ったのか——わからない遺跡とされ、戦前の「神籠石論争」以来、これまでいろいろな説が唱えられてきた。その後発掘調査によって山城説に軍配があがったものの、築城された年代や築城主体については論争が続いている。

神籠石という名前の由来については次章で詳しく述べるとして、一九七〇年代以降、瀬戸内海沿岸で古代山城の発見が相ついだ。鬼《き》ノ城《じょう》、大廻《おおめぐり》小《こ》廻山《めぐりやま》城、永納山《えいのうざん》城など——現在まで四ヶ所の遺跡が新たに加わり、瀬戸内海の山陽側と四国北岸にも多数の古代山城が築かれていたことがわかってきた。北部九州を中心としていた神籠石は、瀬戸内で新しく確認された遺跡も含めて、現在では「神籠石系山城」と呼ばれている。

本書では、この記録に残っていない謎の遺跡である神籠石系山城を中心に、古代山城に関する現段階での研究の到達点や残された課題についてご紹介しながら、最新の調査成果から見えてきた新しい古代山城の姿をお伝えしたいと思う。

なお、北部九州と山口県に分布する神籠石系山城は「神籠石」が遺跡の史跡名称となっているが、本書では、遺跡名として「〇〇神籠石」は使用せず、「〇〇城」を使用している。

古代山城の性格と年代をめぐって

どういう遺跡か——古代山城を歩く

古代山城《さんじょう》について、まずどういった遺跡なのか——各地の古代山城の遺跡をご紹介しながら、その特徴を説明しておきたいと思う。

北部九州から瀬戸内に集中

日本の古代山城二七城は北部九州~瀬戸内~畿内までベルト状に分布し、特に北部九州にはそのうち一六城が濃密に分布している。その分布が朝鮮半島から北九州そして瀬戸内海を経由して畿内に達するルート上にあることは間違いない。

地図を上下ひっくり返してみて欲しい。まず半島から日本へ渡った対馬に金田《かなた》《かねだ》城、そして博多湾奥には水城《みずき》と大野《おおの》城、その南、有明海側には基肄《きい》城が築かれている。

一方、神籠石《こうごいし》系の山城は大宰府の東方に阿志岐《あしき》山城、基肄城の西方背振《せふり》山系の北側に雷《らい》

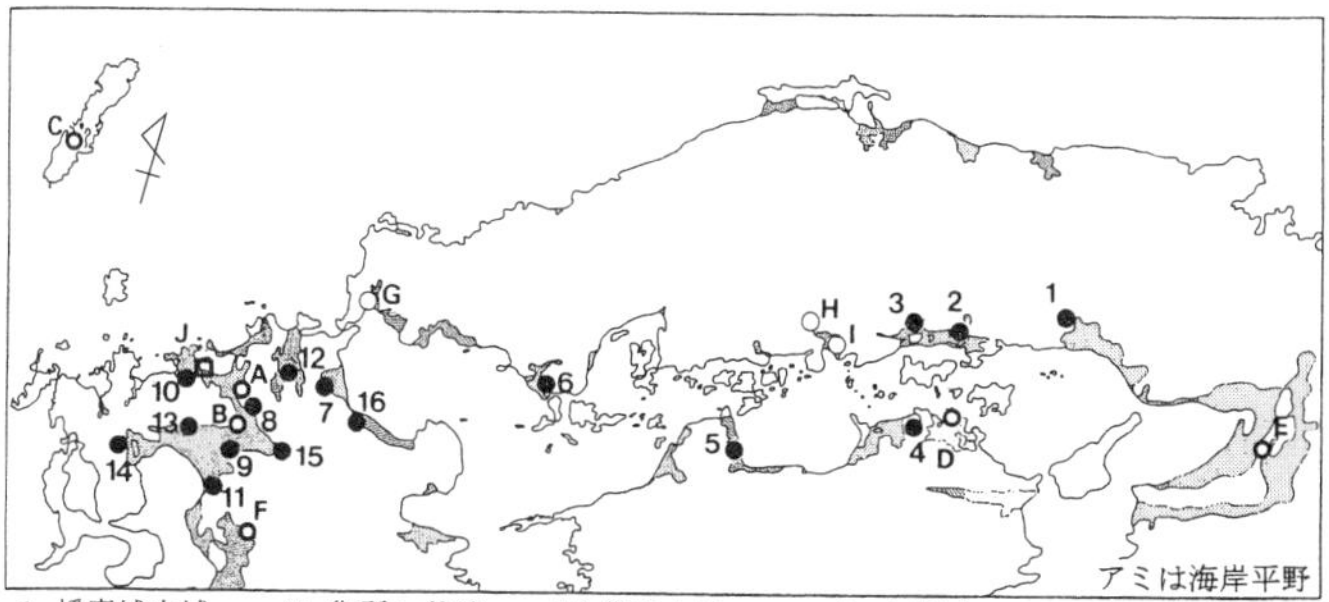

1　播磨城山城	7　御所ヶ谷城	13　帯隈山城	A　大野城	G　長門国の城
2　大廻小廻山城	8　阿志岐山城	14　おつぼ山城	B　基肄城	H　常　城
3　鬼ノ城	9　高良山城	15　杷木城	C　金田城	I　茨　城
4　讃岐城山城	10　雷山城	16　唐原山城	D　屋嶋城	J　怡土城
5　永納山城	11　女山城		E　高安城	
6　石城山城	12　鹿毛馬城		F　鞠智城	

図３　西日本の古代山城分布図

山《ざん》城が存在する。基肄城から南方には大宰府から駅路《えきろ》と呼ばれる交通路が豊後《ぶんご》、筑後《ちくご》、肥前《ひぜん》方面と三方向に伸びているが、各々、豊後方面—杷木《はき》城、筑後方面—高良《こうら》山城・女山《ぞやま》城、肥前方面—帯隈山《おぶくまやま》城・おつぼ山《やま》城の五城が分布している。先の阿志岐山城から飯塚方面へ抜ける交通路上には鹿毛馬《かけのうま》城があり、瀬戸内海に面した豊前《ぶぜん》側には御所ヶ谷《ごしょがたに》城と唐原《とうばる》山城の二城が並ぶ。

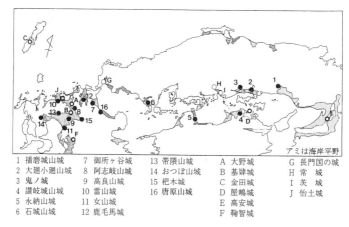

博多湾や大宰府からはかなり離れるが肥後北部の内陸部には鞠智《きくち》城が設けられている。また『続日本紀《しょくにほんぎ》』によると三野《みの》・稲積《いなづみ》の二城が大宰府によって修築されているが、まだ見つかっていない。

北部九州から東に向かうと、関門《かんもん》海峡を守る長門城《ながとのき》が築かれたとされる。下関市を中心に候補地があがっているが遺跡はまだ見つかっていない。瀬戸内海に入ると、山城はその両岸―山陽道と四国北岸に沿って分布している。中国側が周防《すおう》に石城山《いわきさん》城、備後に常城《つねき》・茨城《いばらき》の二城、そして備中《びっちゅう》と備前《びぜん》には鬼《き》ノ城《じょう》と大《おお》廻《めぐり》小《こ》廻山《めぐりやま》城、播磨《はりま》に城山《きのやま》城、四国側は伊予《いよ》に永納山《えいのうざん》城、讃岐に城山《きやま》城と屋嶋《やしま》城の二城とほぼ一国に一城から二城の割合で築かれている。なお安芸《あき》や淡路《あわじ》では古代山城は確認されていないし、大陸に近い日本海側の山陰諸国にも分布していない。

畿内には最終防衛線として河内《かわち》・大和《やまと》の国境に高安《たかやす》城が築かれている。高安城から東では壬申《じんしん》の乱《らん》に登場する近江《おうみ》の三尾城《みおのき》があるが遺跡は確認されていない。

分布の特徴

古代山城の分布は大きくみると古代日本のセンターラインともいうべき北部九州・瀬戸内ベルト地帯に集中していて、これまで大陸からの侵攻ルートに沿う防衛シフトと捉えられてきた。軍事用語ではこれを縦深防御《じゅうしんぼうぎょ》体系と呼ぶ。

山城群の分布は一見大陸からの防衛ラインをなしているようにみえるが、細部においては疑問点も多い。畿内を守る防衛体制としては、王都のある畿内には高安城一城しか築かれておらず、朝鮮諸国のような王都を守る環状の防衛網――これを衛星防御体系という――を欠いている。朝鮮半島の場合、王都を守る山城群は必須の存在なのだが、日本の場合、最前線ばかり固めている印象が強い。この辺り、鎌倉時代の元寇《げんこう》の時、博多湾に造られた石築地《いしついじ》(元寇防塁)にも通じる日本的な防衛思想が感じられて興味深い。

その最前線の防衛ラインである前縁防御体系（国境防衛線）たるべき北部九州の山城配置はどうなっているかというと、こちらも少々偏った配置となっている。大陸に面した玄界灘沿岸には最も多く布陣されるべきだが、玄界灘沿岸には雷山城と大野城、そして対馬の金田城を含めて三城しかなく防衛ラインとしては弱い。反対に有明海方面には八城も築かれている。

山城の立地

福岡県太宰府市にある大宰府政庁跡の背後に大野城が築かれた大城山がそびえている。有事の際には大宰府の官民を上げて大野城に逃げ込み籠城《ろうじよう》することができる位置にあり、古代山城が〝逃げ城〟といわれるのがよくわかる事例だ。

大宰府と大野城ほどの隣接例はそれほど多くないが、古代山城は地域の中心地—国府や郡家《ぐうけ》、大古墳群の近傍にある。

ただし近いといっても各々の中心地からは若干距離を持っており、遺跡の少ない過疎地に立地していることが多い。視野を少し広げてみると、複数の地域中心地の中間地点に位置している。現代の空港にも通じる無駄のない立地は山城が築城された当時の状況についてさまざまに考えさせられる。

たとえば国府との関係をみてみると、豊前国府—御所ヶ谷城（五キロ）、筑後国府—高良山城（二・三キロ）、肥前国府—帯隈山城（六キロ）、備中国府—鬼ノ城（四・五キロ）、備前国府—

大廻小廻山城（六キロ）、播磨国府―播磨城山城（一六キロ）など、必ずしも直近の場所にあるわけではなく四～六キロ離れている事例が多い。

またすぐ近くを官道（駅路など、古代の交通路）が通過する山城も多い。御所ヶ谷城や女山城の目の前を駅路が通過している状況はよく知られている。古代の官道は直線道で幅も広く軍事用道路とみられており、軍事施設である山城と密接な関係があったことが指摘されている。

瀬戸内海沿いに山城が多いことは先に述べた。大陸から侵攻してくる敵軍も海上ルートを使ってくるとみられるが、それでは山城も海沿いに多いかというとそうではない。瀬戸内海の海岸沿いや島々に山城が築かれたと思われる方も多いかもしれないが、それは屋嶋城や永納山城などごく一部だけで、平野の奥に位置している山城が多い。

石城山城は瀬戸内海の要衝・上関《かみのせき》半島の基部に位置している。上関半島は古代には古柳井水道で切り離された島だったといわれている。この水道沿いに前方後円墳が四基あるが、石城山城は古墳群のある海沿いから北に一〇キロ離れた平野の奥に設けられている。鬼ノ城や播磨城山城も同様に海岸線から一歩引いた場所に位置している。こういった立地の仕方は水際作戦を是とする日本人には理解しにくいかもしれないが、朝鮮半島の戦闘セオリーに則ったものと考えられる。ボクシングにたとえると相手に打たせて引いてからカウンターを返すような戦い方だ。

城郭の形態

福岡県行橋《ゆくはし》市の南西に御所ヶ谷城がある。山道を渓流沿いにわけ入ると、突然眼前に上下二段の石塁《せきるい》が現れる。高さおよそ七メートル、幅一八メートルにわたって切石を積みあげ、その雰囲気はインカ遺跡のようだ。その中央には排水口が設けられており、石樋と呼ばれる凹の字に組み上げた石材で下段の石塁から突出している。

図4　御所ヶ谷城 中門石塁

水門の左側にもう一つ石垣がみえる。その石垣との間が中門の跡だ。幅は六メートルもあり、古代山城の城門の中では大きな方だ。この中門からつづく土塁が山丘を二・九キロにわたってめぐっている。

途中には城門が六ヶ所、中門から中央の丘陵を越えた谷間にはもう一つの大石塁である西門も残っている。

古代山城は山地を城壁で囲い込んでいる。形態は山の稜線など地形を利用するため定まってはいない。日本の古代山城は包谷式《ほうこくしき》と呼ばれる大型山城が多い。包谷式は読んで字の如く谷を取り囲むように山の稜線や斜面に城壁をめぐらせている。万里の長城のような城壁が山をぐるりと取り巻いて谷を塞ぐような様子を想像してもらえばよい。

城壁に沿って通常、城門が数ヶ所設けられており、城内の削平地には倉庫などの建物が並ぶ。大型山城では城内に渓流を取り込み貯水地を設けて、水の手を確保して長期の籠城に耐えられるようにしていた。

どの山城も今では樹木が繁茂して見通しが悪くなっているが、佐賀県基山町の基肄《きい》城は土塁がめぐる山頂の尾根筋が伐採されていて、土塁が延々とめぐっていく状況を眺めることができる。

山城を考える上で占地――どのような地形を選んで築城するか――は非常に重要だ。

嶮山城と緩山城

岡山県総社《そうじゃ》市の鬼ノ城《きのじょう》は中国山地の縁辺部の吉備高原に位置しているため、山上は平坦だが周囲は急斜面となっていて、誰がみても城を築くのに持ってこいの地形といえる。それに対して北部九州のおつぼ山城や鹿毛馬城は標高七〇㍍ほどの低丘陵に築かれ、城内で最も低い水門のある場所は周囲の低地と変わらない。

同じ山地を利用して築城しているとはいえ、両者の地形利用は違い過ぎる。

古代山城は山地の低いところ（谷部）から高いところ（山頂）までうねうねと城壁が取り巻いて造られているから高さを比較するには山頂よりも谷部の高さに注目した方がよい。比高の低い谷部分はその城の弱点にもなるから軍事的な守りの強さも比較できるからだ。山城の周長（全周規模）をX軸、城壁の最低点（水門部）までの比高（平地からの高さ）

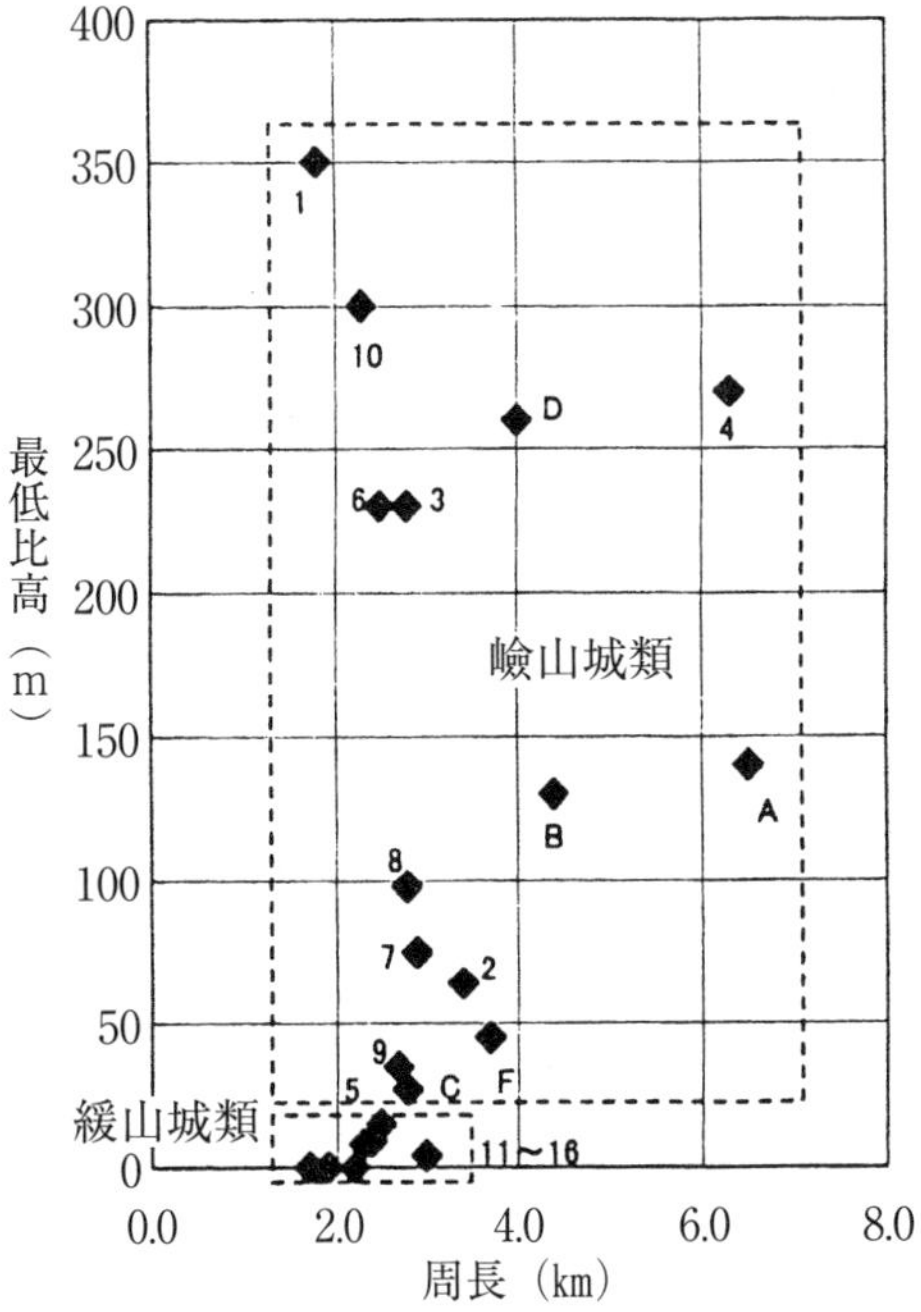

図5　全周と比高の相関図

図6　鞠山城と緩山城（上：大野城〈鞠山城類〉，下：おつぼ山城〈緩山城類〉）

をY軸にとった相関グラフを作ってみると、日本の古代山城の占地には、険しい独立峰に占地する嶮山城類（城内最低点比高差五〇メートル以上）と低丘陵や背後に主山塊を持つ支峰に占地する緩山城類（五〇メートル以下）の大きく二つのタイプがあることがわかる。北部九州に濃密に分布する神籠石系一〇城のうち七城が緩山城なのだ。

嶮山城類が北部九州〜瀬戸内沿岸に広く展開するのに対し、緩山城類は北部九州――なかでも有明海沿岸を中心に集中分布しており、緩山城類が嶮山城類とは異なる目的を持って築造されていることが分布からも想像される。

土塁と石塁

城壁（外郭線）には石築と土築の大きく二種があるが、日本の古代山城の外郭線は基本的に版築《はんちく》土塁が多い。

版築土塁は元々中国黄河流域で発達した土壁の構築技法で黄土を叩き締めて硬化させるものだ。朝鮮半島を経て日本へ伝わった版築技法はオリジナルの中国のものとは若干異なり、粘度の異なる土や砂、粘土を交互に積み重ね、一層一層叩き締めながら構築していく。断面が美しいバームクーヘンのような互層をなす。

版築は七世紀代の寺院の基礎や基壇、終末期古墳などにも用いられているが、大規模な使用は地方では古代山城が初めてといえる当時最新の土木技術である。ちなみに六世紀頃までの古墳の盛土は土嚢《どのう》積みと呼ばれる工法でつくられていて、版築ではない。

図7　鬼ノ城 西城門と版築土塁

復元された版築土塁は鬼ノ城で間近にみることができる。高さ五メートルを越える版築の城壁は壮観である。復元土塁は角楼から西門、第0水門まで一六〇メートルつづいている。石城山城、女山城では版築土塁の断面をみることができる箇所がある。なお鬼ノ城や御所ヶ谷城、永納山城などの版築土塁の断面を剝ぎ取った土層は、各々地元の資料館などでみることができる。

古代山城の石塁で最も有名なのは大野城の百間石垣だろう。全周六・三キロの大野城外郭線の北側を守る百間石垣は高さ五メートル、途中土塁をはさんで全長一七〇メートルある。大野城にはこの他、大石垣や小石垣、水の手石垣など大規模な石塁がよく残っているが、どの石塁にも水門はなく浸透式の水門だった。これに対して基肄城には人が歩いて通り抜けられるほど大きな水門がある。最近、基肄城では水門石塁の修築が行われたが、調査の結果、築城当初の水門は石塁の中央付近に上下二段、下部の大きな水門一個と上部に小さな水門二個があったことが判明している。このような二段式の水門は朝鮮半島に多く、日本でも雷山城の事例がある。

石塁の石積みには自然石を用いた野面《のづら》積みや若干整形加工した割石積みと切石積みがあり、横に目地が通る布積みあるいは布築《ぬのづき》崩しと呼ばれる技法が取られている。横長の石材を多用した石積みは日本の近世城郭とは雰囲気が少し異なる。

外壁面角度は六〇～八〇度、切石積みでは九〇度に近く、土塁外壁もほぼ同じ角度に復元される。近世城郭の石垣が矩《のり》と呼ばれる弓形の反りを持っているのとは違って古代山城の石塁は直線的で角度も急なのが特徴といえる。

各地の古代山城の石塁はさまざま石材を巧みに積んで築いているが、大野城や金田城など朝鮮式山城は野面積み、九州の神籠石系の山城は切石積み、瀬戸内の山城は割石積みと各々特色がある。石積みの研究によると、野面積み→割石積み→切石積みに発展したと考えられる。

城壁の形態については城壁の内外に壁を設ける「夾築《きょうちく》（両壁式）」と斜面を利用し城外

側に城壁を設ける「内托《ないたく》（外壁式）」の二種がある。

朝鮮半島の山城は山地稜線上に外郭線を設けているため、内托式が一般的である。これに対し日本の古代山城では城内側を山の斜面に持たせ掛けるような土段（壇）状の土塁が圧倒的に多く、内托は大野城や屋嶋城、鬼ノ城山城や御所ヶ谷城などにしか見られない。内托土塁は城壁高も高く（三～五メートル）対人遮断性に優れ、塁の背後には城内通路（車路《くるまみち》）が付設されている。土段状土塁の城壁高は一・五～三メートルと低く、城壁天部が通路を兼ねている。谷部の石塁は夾築式で築かれている。

列石

福岡県飯塚市の鹿毛馬城を訪れると、版築土塁の裾に列石が並ぶ様子を目の当たりにできる。列石の中には長さ一メートルもの大きな切石を使用しているところもある。このように北部九州の神籠石系山城では大きな切石を使用しているため、神籠石系山城＝列石あり、朝鮮式山城＝列石なし、といったイメージが定着してしまった。今でも概説書などではそのような記述が多いと思う。遺跡が発見された当時は神籠石系の山城には列石のみあって土塁はないと思われたぐらい、切石の列石は迫力がある。

これまで列石の機能は土留め用とされてきた。北部九州の神籠石系の列石は大きさだけでなく左右の石材がぴったりと接合されているのも特徴で、左右に並んだ列石が版築の土圧に耐えながら根留めしていると考えられたわけだ。しかし瀬戸内の山城で小型の、置き方も寝かせたように置いた列石が発見され、土塁内への埋設、さらに土塁裾を覆う外盛土（外皮版築）と呼ばれる基底部保護用の補築部分があったことが判明してくると、雨水による土塁基底部の浸食保護が列石の重要な役割であったと考えられてきている。

図８　鹿毛馬城 列石

瀬戸内の神籠石系山城で列石が見学できるところは少ない。土塁中に埋設されているからだ。鬼ノ城では上部の土塁が流出・崩壊してしまった部分で列石を見ることができる。北部九州の神籠石系山城ではかつて列石が掘り出されたこともあって、今でも延々とつづく列石を見られる。おつぼ山城や高良山城の列石線は見学しやすい。

列石前面柱と版築工事

発掘調査の結果、列石の前面から柱穴が検出され、列石と土塁に沿っておよそ三メートル間隔で柱がずらりと立てられていたことが明らかとなった。直径が三〇センチもの柱が列石の方に少し傾いて立っていた。

発掘当初、列石前面の柱列に関しては、柵列説（逆茂木説）が出されたが、列石との距離が近いことや列石・土塁側に傾いていることから、その後、版築工事の堰板支柱説が支持されるようになった。版築工事には外側に何らかの押さえが必要であり列石前の柱列が堰板を支えていたと考えられた。

最近の調査では土塁内部からも柱列が検出される事例も増加しており、これらの柱は土塁構築前に立てられ土塁中に埋め殺しにされていた。前面の柱と対になる位置にあるため、土塁内外の柱列が版築工事に伴うものであると推定される。前後の柱を横木で接続して版築が行われたと考えられる。

また版築技法で構築されていても、大廻小廻山城のように列石前面柱を持たない土塁もある。高松塚古墳など終末期古墳も版築技法で盛土が築かれているが堰板を支える柱列は見当たらないので、必ずしも柱は必要ではないらしい。これらは版築工事の多様性を示しているといえる。

大野城や鬼ノ城の前面柱は版築工事の完成後抜き取られており、柱穴も深くなく堀方もない仮設的なものだが、北部九州の神籠石系山城の前面柱は抜き取られた痕跡がなく、堀方や柱と列石間に倒れ防止用の添石を伴っている。さらにおつぼ山城や帯隈山城では柱穴間に礎石も確認されている。おつぼ山城や鹿毛馬城では柱根や板材・炭化材が検出されており、堰板支柱としての使用後、土塁上縁に女墻などを設けていた可能性がある。

城　門

二〇一六年（平成二十八）三月、香川県高松市の屋嶋城城門が復元整備を終え公開された。長さ五〇《メートル》、高さ六《メートル》を超えてそびえたつ大石塁も迫力であるが、現地ではAR技術によってバーチャルによみがえらせた城門の姿をみることができる。

城門は日本の古代山城で調査が進んでいる箇所で、二二例を数える。

九州の朝鮮式山城では早くから城門の門礎石が知られており、瀬戸内の山城でも特徴的な門礎石が讃岐城山城や石城山城で確認されていた。それに対して九州の神籠石系山城では、城門跡が調査されても門の建物が検出されないケースも多い。

城門は建て替えや閉鎖など時期的変化を追える遺構として注目される。門礎石の比較からだけでもその城の築城主体や技術系譜など多様な情報を得られる可能性を持っている。

城門の形態自体は単純に開口する形で、甕城《おうじょう》や雉城《ちじょう》のような付帯施設が設けられている事例はほとんどない。ただし朝鮮式や瀬戸内の山城では城外からの進入経路を守城側に有利となるよう、城門位置を尾根筋から若干脇に置いて進入路をクランクさせ横矢をかけたり、谷部では城壁を前方へ張り出して左右から俯瞰・挟撃できるよう縄張している。門を入った場所に遮蔽物（塀・岩）を置く事例もある。逆に九州の神籠石系の山城の多くではこのような防御上の配慮はほとんど見られない。

古代山城は単郭で一見守りが弱そうだが、城門の防御に関しては戦国期の山城にも劣らない縄張りの工夫がなされている。

城内施設　熊本県山鹿市菊鹿町にある鞠智《きくち》城跡の史跡公園を訪ねると、鞠智城のシンボルである八角形の鼓楼とともに高床の板倉が復元されている。一般的に古代山城の城内には鞠智城の復元倉庫のような食料・武器等の備蓄用の倉庫建物が多数建設されているとイメージされている。概説書などの復元画にもそのように描かれているものがある。

確かに大野城や基肄城などでは城内に礎石倉庫建物群が数十棟確認されている。しかし他の山城では建物の検出事例は非常に少ない。

瀬戸内の山城では城内建物の遺構が確認されている例は少ないものの、城内からの表採・出土遺物も一定量認められ、建物の建設可能な城内平坦地面積も広い。これに対して北部九州の神籠石系山城の城内平坦地面積は、築城当初から建物を建設する計画があったとは考えられないほど狭小である。

韓国・中国東北部の山城では城内低地に方形や円形の人工的な貯水池が設けられている。

日本の古代山城では鬼ノ城や鞠智城で谷に堤防を設けた貯水地跡が確認されている他、屋嶋城、讃岐城山城、御所ヶ谷山城など一部の山城でも貯水池の存在が推定されている。大野城や基肄城では谷部の大型の貯水池は不明なものの、稜線沿いに井戸のような池や天井のような窪地が確認されている。将来調査が進めば人工的な貯水地が確認されるかもしれない。

図9　鞠智城 八角形建物（歴史公園鞠智城温故創生館所蔵）

　古代山城を防衛用のものと考えれば、貯水池は必須の施設のはずだが、これまで遺構としてはあまり注意されてこなかった。貯水池は水門背面と並んで遺物が集積する位置にあり木製品などの遺存率も高いと期待されている。

　鞠智城では木製品や木簡が出土しており、他の山城でも出土する可能性は高い。

神籠石論争顚末記

神籠石とはイワクラか？

新下関駅の近くに四大住吉社の一つ、長門住吉神社がある。室町時代初めに大内氏によって造営された九間社流造《きゅうけんしゃながれづくり》の特異な様式の社殿が有名だが、この社殿から西へ階段を下ったところに「神籠石《こうごいし》」と書かれた標札が立っている。そこには高さ一㍍《メートル》ほどの板石が立っているだけ……。宮司によると「祭神である筒男命《つつのおのみこと》が最初に顕れた場所を示している」のだという。古代の祭祀研究ではこのような神の依《よ》り代《しろ》となる神体石を「磐座《いわくら》」と呼んでいる。

「神籠石」というと福岡県久留米市の高良山《こうらさん》を廻る列石のこととされているが、住吉神社の磐座も同名の「神籠石」と呼ばれている。なぜ住吉神社の磐座も同じ名前で呼ばれているのか――いったいどういうことなのだろう？　実は一八九八年（明治三十一）、高良

図10　こうご石および関連地名の分布

図11　磐座としての神籠石（右：長門住吉神社の神籠石，左：高良山の馬蹄石）

山の列石遺構が小林庄次郎によって学会誌へ報告された際に「列石の呼称は神籠石」と誤って紹介されたことによる。高良大社の宮司を務め地域史研究家でもある古賀寿《こがひさし》の研究によると、列石遺構はかつて「八葉の石畳」と呼ばれていたこと、現在高良大社の参道脇にある「馬蹄石」という巨大な岩盤が「本来の神籠石」だったことがわかる（古賀　一九六七）。

高良大社の最古の文書である『高良記』によれば、高良山にはもともと地主神である高《たか》牟《む》礼《れ》神がいたが、高良大菩薩（高良玉垂命《こうらたまたれのみこと》）が結界《けっかい》（＝列石）を張って高牟礼神を騙して追い出したという。この大菩薩の神馬の爪跡が馬蹄石《ばていせき》に残るくぼみだとされている。馬蹄石と参道を横切る列石線はすぐ近くにあるため、江戸時代にはすでに両者は混同されており、明治の学界への報告でも誤認したというのが真相らしい。

神籠石が古代山城の名称となった経緯

それでは「神籠石」が「古代山城」の遺跡呼称としてどうして定着してしまったのか？　その経緯について神籠石論争の推移に沿って確認してみよう。勃興期の日本考古学界において、法隆寺再建論争と並ぶ二大論争といわれる神籠石論争は、八木奘三郎、そして関野貞、谷井済一《やついせいいち》の山城説に対して、喜田貞吉が霊域説を唱えることで一四年に及ぶ論争となった。

論争はおおよそ明治、大正の二時期に分けられるのだが、こと遺跡の名称として喜田は

「神籠石」の使用を繰り返した。これに対して関野や谷井は「神籠石の名称は改めねばならぬ」「普通名辞として……冠するは絶対に避けざるべからず（避けなければならない）」と主張し、関野はその著書の中でも「高良山山城」などと表記し、神籠石という言葉は一切使っていない（関野　一九二七）。

確かに神籠石という名称は高良山だけで見られるもので、各地で発見された他の同種の遺跡には神籠石の名称はなかった——たとえば雷山《らいざん》は「筒城」、鹿毛馬《かけのうま》は「牧の石」、御所ヶ谷は「景向天皇行宮」、石城山は「山姥の穴」などさまざまな呼称が付けられていた。後年、古賀によって高良山の列石も神籠石とは呼ばれていなかったことが明らかにされたが、時すでに遅く古代山城の遺跡呼称として「神籠石」が定着していた。喜田がこれらの遺跡に対して「神籠石」と呼ぶことを止めなかった理由は、自説である霊域説に有利な名称であったからに他ならない。「神の籠もる石」——いかにも霊域、神域を画する列石として神々しく、少し変わった読み方も不思議なインパクトを与えたのだろう。

柳田國男の神籠石批判

喜田は、高良山の列石遺構の報告の後、次々と各地で発見された同種の遺跡をまとめて、一九一〇年に『歴史地理』一五—三で「神籠石號」を出して、霊域説こそ真説であると主張した。ところが同年『石神問答《いしがみ》』で柳田國男から強力な反論を受けることになる。柳田は「（神籠石は）孤立せる奇石の名なり」

図12　『歴史地理』15-3「神籠石號」表紙

と喜田の磐境説を支持するどころか、神籠石を列石遺構の名称として使用することに疑義を唱えた（柳田　一九一〇）。これを受けて喜田は『歴史地理』一六―三の「神籠石と磐境」と題する論文中で「（神籠石の遺跡を）「磯城」若《もし》くは「磐境」の稱呼に改め」、「（神籠石の名称を）眞の意味に於ける「神霊の鎮座せる巨岩」に附するを至當とす」といったんは柳田の磐座説を認めている。喜田は「余輩も其の後所々にカウゴイシ又はカウゴの名稱の存在を聞き……カウゴイシなるものが、大抵或る特異な自然石にして、カウゴイシの名のある所、必しも石垣的遺蹟の伴ふにあらざる」ことは知っていたと述べている。しかし一度学界に流布した呼称は一般名称化し、喜田はその後も神籠石を列石遺構の名称として使用することを止めようとはしなかった。

柳田は、神籠石が皮籠石、革籠石、交合石、皇后石、川子石などさまざまな当て字で表記され、全国的な分布状況を持つ点も指摘しているが、柳田の事例探索能力は当時としては驚くべきものがあり、一五例もの地名を載せている。現在まで筆者が収集した神籠石類似の神体石や地名は全国で一三〇例以上、北は宮城県から南は鹿児島県まで広がっている。最近、群馬県桐生市の加茂神社でも地元の方々の努力で埋没していた「神籠石《かわごいし》」が再発見され、三《メートル》四方の巨大な磐座が姿を現した。

神籠石は、革籠石、香合石など石材の形態に由来するものや交合石のように夫婦《めおと》岩信仰が加わったもの、また北部九州に多い神功《じんぐう》皇后伝承と関連付けられた皇后石など、いずれも本来の意味から離れて別の由来や伝承が付会したものも多い。文献的には高良大社や宇佐神宮に伝わる文書から鎌倉時代頃までさかのぼれるが『記紀』などには見えない。式内社クラスの古社に多い点に注目すれば、奈良時代以降、各地の神社成立と何らかの関係がありそうだが、詳細はわからない。柳田も「カウゴ（こうご）」の字義については意味不明としている。

論争の帰着点

「神籠石號」の三年後の一九一三年（大正二）、『考古学雑誌』四―二で山城特集号が組まれ論争の趨勢としては山城説に傾いたかに見えた。論争の第二ラウンドは関野や谷井といった朝鮮半島の山城を熟知した研究者が参加し、関野は列石を木柵の根止め石とし、谷井は列石上に土壁（土塁）の存在を想定した。その後の調査の知見に照らせば谷井の「土壁の基石」説が正鵠を射ていたわけだが、切石列石の不経済的、虚飾的な部分が、城郭研究者である大類伸をして列石遺構を城郭と断ずるのを躊躇させたようだ。大類は『考古学雑誌』四―七の「『神護石（ママ）』問題解決尚早論」で列石上の塁柵論に疑問を呈し、「山城々塁と『神護石（ママ）』列石との間には、尚研究の餘地を存する」としている――列石上の土塁の存在を立証せよという問いに対し、谷井らはこの段階では答えることができなかった。今では山城説と霊域説は互いに相容れない対立する学説のように理解されているが、大類は「（神籠石は）朝鮮山城の思想を学びしもの」と述べ、列石が山地を廻る囲繞《いにょう》形態―遺跡の平面プランが朝鮮式山城に類似している点は大類、喜田両人ともに認めており、論争の最終段階では遺跡の立面構造の解明が焦点となっていた。

なお「朝鮮式山城」という用語は、関野が最初に用いており、朝鮮半島様式の城郭という意味で大野城などに対して「朝鮮式直写の山城」と表現している。戦後、鏡山猛が論文・著書などで用いて学術用語として定着した。「朝鮮式」の意味について、大野城などの築城を百済《くだら》からの亡命貴族が指導したことによるという解釈を時に見かけるが研究史的には誤解である。ちなみに「古代山城」という用語は、神籠石論争時に谷井が「日本上世山城」という表現を最初に使い、神籠石については「日本上世前期山城」と改称すべきだと主張している。一九六〇年代頃まで古代の山城を表す用語は「朝鮮式山城」しかなく、神籠石は単に「神籠石」と呼ばれていた。朝鮮式山城と神籠石を総称した名称としては当初「古代城柵」が用いられていたが、斉藤忠が「古代山城」を提唱し、徐々に使用する研究者が増え学術用語となった。

発掘調査と山城説

最初の論争時に、「遺跡の名称」と「列石上の土壁」という二つの重要な問題提起があったにもかかわらず、神籠石《こうごいし》遺跡の調査は進まず、やがて柳田の神籠石論は忘れられてしまう。特に神籠石が列石の名称ではなく、磐座《いわくら》も含めたある種の神体石の呼称であることは民俗学者も含めて学界ではほとんど知られていない――いまだに喜田が仕掛けた霊域説の呪縛は解けていない。

論争その後―昭和初期の研究―

その後の古代山城《さんじょう》研究は、中山平次郎の三野《みの》、稲積《いなづみ》城の報告から久保山善映の基肄《きい》城に関する一連の論考、そして日本古文化研究所による怡土《いと》城の調査など、文献に記録のあるいわゆる「朝鮮式山城」に関心が移ってしまった感がある。昭和初期の時代を反映して「国防遺跡」としての関心が研究の動機にあるとみられる。しかし、中山が報告した三野、稲積両城の遺跡はいずれも古代山城とは認められていない。三野城に比定した福岡市東区の三日月山の遺跡は中世・立花城の支城を誤認しており、稲積城に比定した糸島《いとしま》半島の彦山にも古代山城の遺構はなかった。

昭和に入って史跡天然記念物の指定事業が進められる中で再び神籠石遺跡が取り上げられ、一九三二年（昭和七）に雷山《らいざん》の遺跡が初めて「雷山神籠石」という名称で史跡指定された。同種の遺跡は一九四一年に帯隈山《おぶくまやま》が発見されて七ヶ所となり、一九五三年までに次々と指定されたが、すべての遺跡が「○○神籠石」と名付けられた。一九五一年に香川県の城山《きやま》も史跡指定されているが、こちらは「城山」だけで神籠石とも城とも付けられていない。神籠石と付けられなかったのはおそらく列石がなかったためだろう。ただし史跡分類は他の神籠石と同じ「一．貝塚、集落跡、古墳その他のこの類の遺跡」となっている。

この時期の研究で注目すべきは、高良山《こうらさん》、女山《ぞやま》の調査報告書をまとめた武藤直治、石野義助が列石線全ての計測を行い詳細な実測図を作成していることである。石野らは調査時の観察で列石上の土塁の存在を指摘しており、土塁の断面図も掲載している（武藤・石野一九三〇）。この頃の神籠石遺跡に対する認識について、石野とともに高良山、女山を見学した大場磐雄が「城塞の一種なる事疑ふべからず」とのちに述懐している（大場　一九六九）。一般に山城説は六〇年代のおつぼ山、石城山の発掘調査によって決したといわれているが、城郭の遺跡であることは戦前の段階で一部の研究者の間ではすでに共通認識となっていたようだ。帯隈山の調査報告をまとめた松尾禎作も北部九州の神籠石を城郭と捉えており、香川県の城山を調査した福家惣衛も一九二四年（大正十三）の香川県の調査報告書では「城山城址」と題名を付けている。

この他、戦前・戦中の研究としては、一九三七年、坂本経堯によって熊本県米原《よなばる》の遺跡が鞠智《きくち》《くくち》城に比定され、荒木誠一が一九四〇年『赤磐郡誌』で小廻城址（大廻《おおめぐり》小《こ》廻《めぐり》山城）を取り上げ、天智朝の朝鮮式山城の可能性を指摘したのもこの時期に当たる。いずれの遺跡も本格的調査は一九七〇年代を待たねばならないが、現在知られている遺跡の多くがこの時期に出揃ったといえよう。

この時期の調査報告には他にもいくつか重要な指摘がなされている――たとえば雷山の列石線が折れを持っていることなど、七〇年代末の鬼《き》ノ城《じょう》の調査で再認識するまで忘れられていた。鹿毛馬《かけのうま》では一九三九年頃、水門暗渠《あんきょ》が発掘され、列石前面に並ぶ三本の柱が見つかっている。また石城《いわき》山や鹿毛馬などは史跡指定の前後に地元民によって埋没していた列石線が長い距離にわたって掘り出され、列石前面柱と土塁の関係という重要部位の情報が失われてしまった。高良山の列石も江戸時代に高良大社を顕彰するため掘り出されており、現在見る姿が当初のものでないという点は再認識しなければならない。

戦後の研究のはじまり

戦後の古代山城研究として、まず豊《とよ》元国の一連の研究がある。一九五二年に広島県府中市の亀ヶ岳における常城《つねき》発見の報告を皮切りに茨城《いばらき》、長門《ながと》城など瀬戸内地域の未発見山城の調査を精力的に行っている。今からでは想像もできないかもしれないが、戦後の昭和二十年代、全国的な規模で考古学調査が各地の高校の地歴部などを中心に行われていた。府中高校教師であった豊の研究もそういった活動の中で位置付けられるものだが、残念ながら発見された常城の遺構は砂防用の石垣や山岳寺院を誤認したもので古代山城ではなかった。

戦後の古代山城研究のもう一つの成果は、一九五〇〜六〇年にかけて行われた九大考古学研究室による鏡山猛の大宰府及びその防衛施設の研究がある。その成果は『大宰府都城の研究』（一九六八年／風間書房）という大冊の報告書としてまとめられている。大野《おおの》城や基肄城の城内に泊まり込み、ブッシュを掻き分けて地表調査した成果が今日見る両城址の調査研究につながっていることはいうまでもないが、三〇〇〇分の一スケールの詳細な遺跡地図、各遺構の精密な実測図など、その後の山城研究の方向を示した先駆的な調査がこの段階で行われていることは特筆されてよい。そして鏡山の朝鮮式山城研究の実績はその後のおつぼ山、帯隈山調査でも大きな成果を上げることになった。

一九五三年には戦前、後藤守一の発見した対馬城山《じょうやま》の遺跡を東亜考古学会の対馬全島調査の中で、岡崎敬が金田《かなた》城として報告しており、その後、地元の永留久恵が研究を引き継ぎ、城山の遺跡を金田城跡と確定させた。

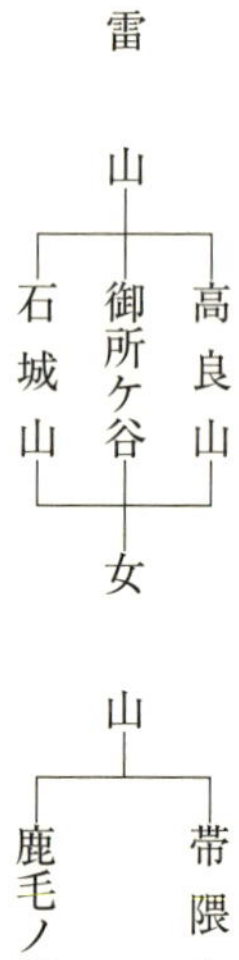

図13　原田大六の編年案

原田大六の愚城論

一九五九年、原田大六が地元の雷山の遺跡を調査して「神籠石の諸問題」を発表した（原田　一九五九）。おつぼ山などの調査が行われる四年前のことだが、原田は林道工事に伴い雷山の南列石の一部も発掘して列石上に土塁がないことを確認している。神籠石論争で最後に問題となった外郭線の立面構造の解明に対して初めてメスが入れられたのだが、残念ながら原田が調査した箇所も含め、雷山の列石上には土塁が築かれていない――そのため原田は「（神籠石遺跡の）列石は列石だけで他の構築物（土塁や木柵）は無かった」「城として防備の役に立つか立たないかさえ考えていない」という結論に至った。

そこから大陸の城の模倣＝実戦の経験のない日本人の城と解釈し、神籠石は実戦には使えない城＝愚城説が提唱されることになった。原田は神籠石遺跡の立地の高低によって編年を試みており、これも戦前には見られない研究の新機軸といえる。また五八三年（敏達十二）の日羅《にちら》の奏言に見える要害の地に築くべき「塁塞」を神籠石の築城記事に当てるなど——北部九州での築城を思わせる文献史料の探索も行われている。

発掘調査とその功罪

一九六三～六四年にかけて、新たに発見されたおつぼ山が九州大学考古学研究室によって、石城山が文化財保護委員会（のちの文化庁）によって発掘調査が行われた。

戦前の神籠石論争以来、六〇年代の発掘調査までは、これらの遺跡はその分布から邪馬台国や磐井といった九州の在地勢力に関係するもの、年代も文献史料になく伝承も残されていないことからかなり古い時代に造られ忘却された遺跡とする考えが支配的だった——当然、神籠石遺跡は朝鮮式山城よりも古い遺跡であるということになる。原田の六世紀後半築城説もこのような年代観から脱してはいない。おつぼ山の発掘調査によって三メートル間隔の列石前面柱が検出され、それに基づいて鏡山は「唐尺使用説」を提唱し「従来の考説のごとく古い年代のものでない」と遺跡の年代観は大幅に修正されることになった。

鏡山が提唱した唐尺使用説は列石前面柱の間隔だけを根拠にしていると思われているが、石塁・土塁の幅（九メートル）や城門幅（三メートル）など、遺跡全体に「三メートル」をユニット単位とする設計寸法の使用が窺われることこそ唐尺説の核心である。また七世紀代に寺院建築と共に導入・普及した切石加工や版築工法などの新技術が土塁構築に用いられていることも年代観引き下げの理由となっている。

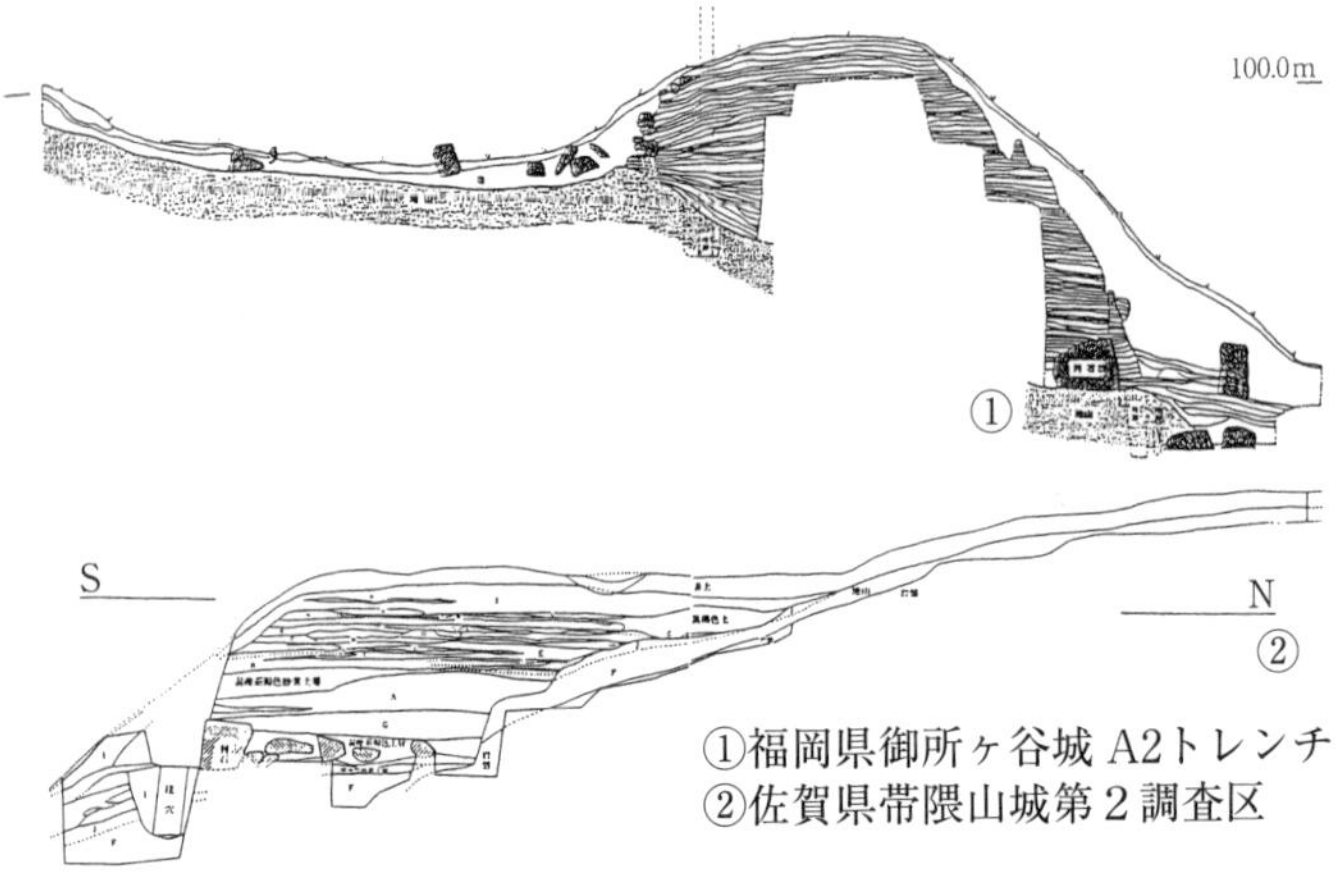

図14　土塁断面図（上：御所ヶ谷城，下：帯隈山城）

それでも年代の下限は七世紀半ばまで（先行説）とする研究者が大半で、記録の豊富となる七世紀後半以降のもの（後出説）と考える研究者は少数派であった。それはこの種の遺跡から古瓦の出土を見ないことや礎石を使った建物や門礎石などが見つかっていないことも遺跡の下限年代を引き下げる一つのハードルとなっていた。しかし、石城山の調査を行った小野忠凞や田村晃一は大野城よりも新しい年代を主張しており、七世紀半ばまでとする説が確固たる根拠を持っていたわけではない。この頃、六八九年（持統三）の「筑紫新城」を北部九州の神籠石遺跡に比定する意見を筑紫豊や田村が提起しているが（田村一九七二）、年代を古く考える研究者にとって、この記事は意味がなく、一顧だにされていない。当時の年代論が各研究者のこの種の遺跡に対する先入観に左右されていた点は否めない。

おつぼ山と石城山、そして帯隈山の発掘調査は、列石上の版築土塁、列石前面の柱列など、かつて神籠石論争で焦点となった立面構造について一つの答えをもたらしたが、石城山で確認された列石を覆う外皮版築《がいひはんちく》の存在や柱間隔が二・一九《メートル》と短いことなど、おつぼ山調査の知見とは微妙な差異が認められ、互いに疑問点を残す結果となった。

おつぼ山と石城山の発掘は、山城説を決定的とさせ論争に終止符を打ったという点で学史に残る調査となったが、かえってそれまでの研究史の中で指摘されてきた神籠石遺跡の疑問点を忘れさせてしまった。戦前の論争時、喜田は鹿毛馬などで出入口となる列石の切れ目がないことは城郭として首肯できない点だとし、岩盤（母岩）に列石様の加工を施している箇所があることを理由に列石を根止め石とする考えにも疑問を呈していた。喜田の指摘は山城説への疑問点として現在でも有効であるし、遺跡の観察を通してその機能や目的を考察するという点では現代的とすらいえる。

しかし山城説が確定したのちの古代山城研究ではこのような細かな遺構観察は少なくなり、城郭であることは自明なこととして議論が展開されていく。原田の愚城論も戦前の霊域説も神籠石遺跡が持っているある側面――城郭として不可思議な箇所――を鋭く突いていたといえるが、研究史的には否定された旧説として顧みられることはなかった。

古代山城の分類・名称問題

一九七一年の鬼ノ城、七三年の大廻小廻山城の再発見、そして一九七七年には永納《えいのう》山城が発見されるに及んで、瀬戸内での古代山城の存在が注目される中、一九七六年の『考古学ジャーナル』一一七号で「〃神籠石〃研究の現状」と題する特集号が組まれた。六〇年代の発掘調査によって山城説が確定したとはいえ、その年代、築城主体に関しては依然不明なままであったが、この特集号によってこの時期の研究者らのスタンスがわかり興味深い。まず名称・用語の問題が斎藤忠と坂詰秀一から提起されており、神籠石を「神籠石式山城」のような形で学史的な名称として継承しようとする斎藤に対し、坂詰は、まず西日本の古代山城を一括して把握し、外郭構築技術と内部機能の検討によって新たな遺跡呼称を検討する必要性を説いている（斎藤、坂詰

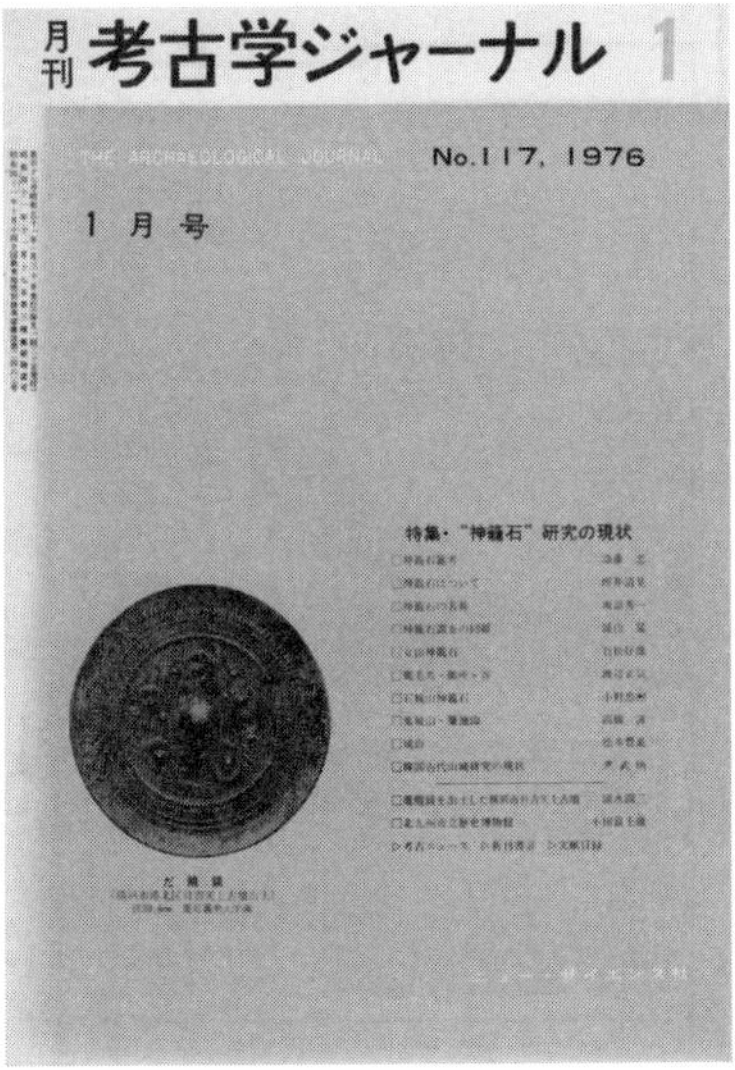

図15　『考古学ジャーナル』117号「“神籠石”研究の現状」特集号 表紙

一九七六)。

特記すべきは、両人共に神籠石という名称が「その対象について不明瞭」「先入観となって歪められる」「〝名〟と〝実〟とが一致していない」と述べていること、そして「文献にないことをもって必要以上に穿鑿し、想察すべきではない」としていることである。これは八〇年代以降の研究者が「神籠石」という分類名称を使用し続けることで、かえって分類を固定化してしまい、文献に記録があるか、ないかといった「文献の記載状況」に研究の主眼を置いたことと対照的である。

瀬戸内での古代山城発見に対しても、研究者間で捉え方にかなり違いがある。それは、瀬戸内で確認され始めた山城遺跡と北部九州を中心として分布する神籠石遺跡を別種のものとみる慎重論と、瀬戸内と北部九州の山城遺跡を神籠石系山城として総合的に考えていこうとする立場である。前者は従来から確認されていた北部九州の遺跡を神籠石式(型)山城と呼び、瀬戸内のものを神籠石類似遺構という形で区別する。さらに九州の研究者の多くは瀬戸内の神籠石系(神籠石類似遺構)を神籠石式の亜種、神籠石式から派生したものと位置付けている。反対に、瀬戸内の研究者は北部九州の神籠石式を瀬戸内の神籠石系から発展したものとみる。いわば九州対瀬戸内ともいうべき研究者の対立図式が表れているが、この捉え方のギャップは遺跡の調査が進んだ今日でも根強く残っている。

図16　古代山城と駅路・国府との関係図（田村晃一作成）

七〇年代の動きとして歴史地理学から古代山城へアプローチする研究が登場した。一九七二年の高橋誠一の「古代山城の歴史地理」の他にも田村晃一や高重進が山城と駅路《えきろ》や国府との間に認められる密接な位置関係を指摘している（高橋　一九七二）。しかし従来の年代観の下限がネックとなってそれ以上積極的な議論とならずに終わっている。原田も北部九州の神籠石系山城が旧国単位にほぼ同数分布していることから「国制（律令国制）」との関係を示唆していた。

古代山城と駅路や国府との位置関係は、築城主体論とも関連する重要な検討課題だったが、肝心の遺跡の年代が確定しないことには周辺遺跡との同時代性の検証すらできない

——昔、古代山城の築かれた場所近くに、その後国府が設けられたと解釈することもできるからだ。考古学的調査によって国府の建設が八世紀以降だと判明したこともあって、この後、古代山城を積極的に取り上げる歴史地理系の論考はほとんど見られなくなる。

古代山城ブームの時代

在地勢力築城説

一九七七年（昭和五十二）の永納山《えいのうざん》城の発見、一九七八年の高安《たかやす》城を探る会による高安城の礎石建物群発見、そして同年の鬼ノ城《きのじょう》学術調査によって、古代山城《さんじょう》研究は異様な盛り上がりを見せ始めた。『アサヒグラフ』（一九七九年四－二〇増大号）で古代山城特集号が発刊されたのもちょうどこの頃である。

古代山城ブームの時代ともいわれる八〇年代は従来の枠にとらわれない研究がつぎつぎと発表されたが、かたや学説が乱立し混乱した時代でもあった。この時期の研究を考える上で『城（日本古代文化の探求）』（一九七七年／社会思想社）がある——古代の城郭に関してそれまで教科書的な書籍がなかったため、この本はよく読まれ、そのため発刊から三〇年を経過した今でも一般読者が手に取る機会が多い。

この本にはチャシ、グスクから東北の館、高地性集落から怡土《いと》城まで一〇編の論文が収録されているが、その中でも西川宏の「瀬戸内地方の古代山城」と李進熙の「朝鮮と日本の山城」はその後の古代山城研究に大きな影響を与え、古代山城ブームを象徴する内容を持っていた（西川、李　一九七七）。西川は、瀬戸内地域でも確認され始めた古代山城を広く渡来系の遺跡と捉えて注意を喚起し、また地方勢力から律令国家まで長期間にわたる段階的な使用を想定した。西川の「消されていた朝鮮式山城」（『日本のなかの朝鮮文化』一七〈一九七三〉所収）には、「古代貴族は……（神籠石を）記録の上から消そうとしたのである」とあり、この頃の古代山城研究の動向が奈辺にあったかが窺える。このような「古代山城再評価」は当時、上田正昭や金達寿らの進める「渡来文化見直し論」と軌を一にするもので、李の「渡来系氏族築城説」はその最も先鋭化した説といえる。

図17　『アサヒグラフ』1979年4-20増大号 表紙

　史書に見えない山城を在地勢力に関わるものと捉える考え方は決して目新

しいものではなく、戦前の論争時からあったし、坪井清足の「筑紫君磐井《つくしのきみいわい》・吉備《きび》氏反乱築城説」はよく知られている。古くは矢野一貞が高良山《こうらさん》の八葉石塁（神籠石《こうごいし》）を磐井が築いた山城と『筑後国郡志』などに書き残しており、神籠石論争に先立つこと一〇年前に、久米邦武が高良山や雷山の遺跡に注目し「筑紫君の邪馬臺は此地方に在べし」と指摘している（佐伯　二〇〇六）。邪馬台国研究との関わりでは、橋本増吉が女山《ぞやま》や高良山を現地調査して、「邪馬臺国に統属していた倭人諸国が……韓人諸国の山城制を移入するに至るべきことは、寧《むし》ろ当然」で「同一型式の遺址が、当時の倭人諸国の根拠地と認められる各地に、現に残存している」と結論している（橋本　一九五六）。

一九七一年には松本清張も「神籠石は山城か」（『遊古疑考』〈一九七三年／新潮社〉所収）で神籠石について論じており、「神籠石は『国家』の命令によって、構築されたものではなく……地方豪族によって造られたもの」で、防塞的機能が貧弱であることから「神籠石を『山城』と考えることはできない」とし「神籠石の宗教性」から住民の「集会・祭祀・避難場所」だったと述べている。普通、在地勢力築城説は神籠石を朝鮮式山城よりも古いとみるが、松本は「神籠石を朝鮮式山城のやや後の頃に置きたい」と指摘しており、この点は興味深い。

渡来系氏族築城説は金錫亨の「三韓三国の日本列島内分国について」が最初だといわれ

ているが、江上波夫も一九六七年の『騎馬民族国家』で騎馬民族説の考古学的証拠として「神護《（ママ）》石についての再検討」を主張している。西川や李の従来説との違いはその段階的使用を想定しているところで、おそらく朝鮮半島の山城が時代を越えて継続使用されているという知見に基づくものだろう。

森浩一も古代山城周辺の古墳群と山城の築城主体を同一視する説を繰り返し述べており、文献に記録のない山城を在地勢力の逃げ込み城とする見方が一般の方々に流布し、民間古代史論における古代山城像のベースになっていることは間違いない。しかし現在までの調査で長期間にわたる継続使用や改築の痕跡は確認されておらず、古墳時代後期に築城後、律令国家が再利用したというストーリーは根拠のない想像に過ぎない。西川や李が「長期間にわたる段階的な使用」という仮説を発表した段階ではまだ日本の古代山城調査は地表調査の段階であり、韓国の城郭については断片的な情報しかなかった。

このように地域勢力築城説が現在でもなお命脈を保っている理由は森一人の責任ではない。民間築城説は石野博信など専門研究者の間でも神籠石系の山城に対する一つの城郭観となっている。石野は『古代近畿と東西交流』（一九九一年／学生社）で、「地域の豪族によって築造された神籠石は文献に記録されず、大和政権が築造した公城は文献に登場する」とされる。最近の調査によって築城年代や縄張り、工法の規格性・共通性などが判明してきたため、築城工事の発動（命令）は畿内政権とし、工事の実務については民間（地方豪族）が担当したと考える一種の折衷説も考古学者の間では根強い。

空想の複合遺跡

地域勢力築城説が根強い人気を誇るのは、これも一九八〇年代頃からさかんに提唱され始めた「地域王国論」や「地域国家論」の影響が大きい。古代山城がそういった強大な地方勢力の象徴もしくは過去に実在した証拠として説明しやすい遺跡であるため、築城年代が新しいと判明しても、現在地表に残る遺跡の下層に古くさかのぼる遺構が眠っているのではないかと想像し「空想の複合遺跡」を想定する説が跡を絶たない。

さすがに最近は神籠石と邪馬台国を結びつける説は見かけなくなってきたが、これらの諸説に共通するパターンとして、神籠石の所在地には七世紀以前（古くは三世紀）から何らかの施設（聖地・宮殿・山城）があり、列石もその遺構で、山城として改築・利用されたのは白村江《はくすきのえ》敗戦後と考えている。

朝鮮半島の山城が継続使用されているといっても、古い城を何度も修復を繰り返しながら使っているわけではない。古い城壁の上に後世の城壁が重層して造られる場合もあるが、同じ山を利用する場合でも平面プラン（縄張り）が異なっていたり、規模が拡大されたり、縮小されたり、時には隣接する山に新規に築城されているケースさえある。

九州王朝築城説

一九七九年、古田武彦は『ここに古代王朝ありき—邪馬一国の考古学—』（朝日新聞社）で神籠石＝九州王朝築城説を初めて発表している。古田は一九九八年（平成十）にも『失われた日本』（原書房）に「神籠石の証明」という一章を設け、「九州王朝の存在に対する、無二の物証がある」「太宰府を中心として、北部九州から中国地方（山口県）へと分布する「神籠石」と呼ばれる一大山城群である」と七九年とほぼ同じ論旨を繰り返し主張しているが、なぜか瀬戸内の山城には触れられていない。「九州北半、各地の神籠石が、共通の様式をもち、共通の尺度を持っている」ことから「各神籠石群は、めいめい各地の豪族が作ったのではなく、同一の権力者、つまり統一権力がこれらを築いた」という点は発掘調査や遺跡の観察所見から問題はない。しかし大野城などの朝鮮式山城とは異なる低丘陵上に立地し、列石上の土塁もない遺跡もある北部九州の神籠石系山城がはたして「はりねずみ型の警戒網」といえるかどうか、「山城群は壮大で……『一般民衆』をも、非常にさいして収容すべき広さをもつ」というが、北部九州の神籠石系山城の城内には平坦な場所はほとんどない。

古田の九州王朝築城説は、単なる在地勢力築城説ではないが、内容的には「分布論」に終始しており、それは山城遺跡の考古学的検討を欠いているの一語に尽きる。「分布論」では「九州王朝存在の証明」はできない。肝心の年代論についても「六～七世紀」と曖昧な表現に止めている。

内倉武久は、二〇〇二年に『大宰府は日本の首都だった』（ミネルヴァ書房）で、観世音寺に保管されていた水城《みずき》の木樋や対馬金田《かな た》城の土塁中の炭化材の炭素年代測定値から「水城の築造は五、六世紀」「（最初の金田城は）六世紀末から七世紀初めごろにかけて築造された」とし、神籠石系山城の朝倉宮防御説も「なんの根拠もない憶測にすぎない」と否定する。山城の築造年代が「謎」のままなのは研究者らが理化学的分析を避けているためだという。金田城では、ビングシ山の掘立柱建物内部の炉跡炭化物や南門から出土した加工材など、考古学的イベントに伴う資料（確実に遺構に伴う炭化物――火焚き痕跡、土器付着の煤、人工的な加工材など）の測定値は六七〇年や六五〇年前後と築城年代と整合している。土中にはさまざまな時代の炭化物が混入しており、イベントに伴わない炭化物を年代測定しても意味がない。

内倉は「（大宰府に比べて）大和は無防備というに等しい」「首都をがらあきにしておいて、出先だけ守るなどということはあり得ない」と大和政権築城説を批判しているが、これも「分布論」に過ぎず、李がすでに七七年に同様な説を展開している。

九州王朝説を支持する論者らは神籠石系山城を九州王朝説の物証だとさかんに取り上げているが、神籠石が九州王朝説の「最後の砦」になっているようにも見える。

唐築城説

一九八三年、田辺昭三は『よみがえる湖都―大津の宮時代を探る―』（NHKブックス）で「山城は日本防衛のために築造されたものではなく、唐がその配下にあった百済《くだら》の傀儡《かいらい》勢力を利用して構築した軍事施設ではなかったか」とそれまでの理解と真逆の解釈をしている。田辺は、山城の分布から「大和の中央政権を遠まきに包囲することによって、軍事的な圧力をかける目的をもった施設だった」という。

田辺の仮説は八〇年代の混乱した研究状況を示すものだが、朝鮮式山城は唐が日本支配のためにつくったとする説が二〇一五年にも発表された。中村修也の『天智朝と東アジア―唐の支配から律令国家へ―』（NHKブックス）がそれだが、中村は、筑紫都督府や郭務悰引率の二千余人の来日といった意味ありげな記事を強調しつつ、水城の濠が博多湾側にあることや憶禮福留ら築城に関わった亡命百済人たちが六七一年（天智十）に叙位されていることなど、自説に都合の悪い事実にほとんど触れていない。また瀬戸内や北九州の神籠石系山城についても言及がない。

年代論の対立

このような地域勢力築城説とは別に八〇年代には重要な論文がいくつか発表されている。その代表が葛原克人の「古代山城の特色」と出宮徳尚の「吉備の古代山城試論」である（葛原　一九八一、出宮　一九七八）。いずれも畿内政権による築城を想定するところは地域勢力説とは対極に位置するが、葛原が七世紀以降の半島情勢の緊迫に対応するため、瀬戸内から九州まで、天智朝の山城に先駆けて設けられた防衛施設とみるのに対して、出宮は畿内勢力の地域支配拠点として設けられた軍事施設（暴力装置）と位置付ける点が従来なかった視点である。それまでは天智朝の山城と分布が一致することから漠然と国防施設と考えられていたため、議論を呼ぶことになった。

また両説は古代山城の占地に注目してその比高と全周規模から山城を分類し編年を試みている。占地＝編年論のアイデアはすでに原田が発表しており、坪井が九州型、瀬戸内型の分類を提唱していたが、細かく占地を分析した両説はその後の分類編年案のモデルとなった。北部九州の神籠石系山城の低丘陵立地（緩山城類）を説明する仮説である出宮の地域支配拠点説は、城郭の縄張りからその機能や築城目的を探ろうとするもので、それまでの対外防衛用や地域勢力の逃げ込み城説とは一線を画している。低丘陵立地は霊域説や愚城論も城郭として神籠石遺跡を捉える上で理解し難い点としていた。

城壁構造に着目した研究としては阿部義平の「古代の城柵跡について」がある（阿部一九八二）。東北城柵や都城の築垣まで含めた囲郭施設全般を取り上げる意欲的な論文だったが、阿部論文以降、古代山城の城壁構造において列石があるかないかという二分法で捉える傾向が強まった。阿部も指摘している通り朝鮮式山城の外郭構造は発掘調査が未実施であったため「構造細部の調査資料が不充分」だったにもかかわらず、神籠石式山城

（基壇上土築式山城）の〝様式共通性〟を強調するあまり暫定的な分類が固定化された。古代山城の城壁構造を統一的に再検討する動きは九〇年代以降の調査と研究を待たねばならなかった。

　阿部論文のように城壁構造を検討した研究として、小野忠熈の一連の論考と北垣聰一郎の石積み技法の比較研究がある（小野　一九八六、北垣　一九八二）。小野も阿部と同様、朝鮮式山城と神籠石式山城という二分法で捉える点は変わらないが、年代観に関しては石城山版築中の糸切底《いときりぞこ》の土師器《はじき》が拠り所になっているとはいえ、大野城などよりも小型で、二線的位置に築城されていることや築城後未使用である可能性が高いことなどから、先行説の葛原や阿部とは逆に神籠石式山城の年代は朝鮮式山城より新しいと主張している。北垣は「朝鮮式山城と神籠石をめぐる諸問題」で近世城郭の石垣研究から古代山城の石塁構築技法を分析し、「粗から密へ」という石塁編年の基準から後出説を唱えている。アナロジーとして近世城郭の石垣編年を用いたことやネオ霊域説的な見解を提唱したことで一部の研究者からは誤解されているが、石塁の構築技術はそれまで未開拓の分野であり、先駆的な論考といえる。

城内調査が先行した朝鮮式山城

八〇年代は朝鮮式山城の調査も進んだ。一九五〇～六〇年にかけての鏡山による地表調査を基に一九七三年から九州歴史資料館による大野《おおの》城の調査が開始され、八六年からは鞠智《きくち》城の調査も本格化した。残念ながら大野城などの調査は史跡整備のための城内建物が中心で、土塁構造といった外郭線の調査はほとんど着手されなかった。外郭線の調査が先行した神籠石系山城と城内調査が先行した朝鮮式山城――この違いが研究史的にはこの後大きく影を落とすこととなった。

韓国における城郭調査が地表調査の段階から発掘調査へと進展し始めたのも八〇年代で、一九八三年に忠清北道《ちゅうせいほくどう》天安《チヨナン》の木川《モクチヨン》土城で土塁基底部の列石（基壇石）が韓国で初めて確認された。木川土城からは百済土器は出土しなかったが、百済地域に所在していることから百済の城郭と紹介されたため、日本では神籠石列石も百済との関係で捉えられるようになった。

古代山城ではないかと騒がれた遺跡

古代山城がブームのような盛り上がりを見せた一九八〇年代は各地で古代山城ではないかという遺跡が名乗りを上げ「古代山城発見！」と新聞やテレビを賑わせた。

そのような遺跡を戦前から遡って列記してみると、

・醒ヶ井列石　一九一〇年：滋賀県米原市（当時は坂田郡醒ヶ井村）

・三日月山＝三野城　一九一四年：福岡県福岡市（当時は糟屋郡山田村）
・亀ヶ岳＝常城　一九六八年：広島県府中市
・鬼ヶ城山＝長門城　一九七四年：山口県下関市（当時は豊浦町）
・安芸津交互石山　一九八〇年：広島県東広島市（当時は安芸津町）
・三尾の猪垣＝三尾城　一九八二年：滋賀県高島市（当時は高島町）
・湯川山　一九八三年：福岡県岡垣町
・孝霊山　一九八三年：鳥取県大山町
・長等山　一九九二年：滋賀県大津市
・高安山西斜面＝高安城　一九九九年：大阪府八尾市

このほか、熊本県のトンカラリンや滋賀県の観音寺城も古代山城ではないか、とかつて話題になったことがある。

これらは古代山城とは違った遺構（人工物でないものも含む）を誤認したものであったが、専門研究者が一目見れば古代山城でないと判別できるものも多く、古代山城ブームのいわば「あだ花」のように今では知る人も少なく忘れられている。九〇年代以降、こういった「偽物」「擬《もど》き」の遺跡がほとんど報告されなくなったのは、地道な研究の蓄積によって古代山城の遺跡とはどういうものか周知されてきたためといえるだろう。

一九九九年六月二〇日、高安山西斜面（大阪側）の中腹——標高三八〇メートル付近の尾根先端五ヶ所で「石垣」が発見されたと読売新聞が報じた。高さ一〇メートル以上の石垣が尾根と谷を越えて、およそ六キロの城域が推定されるという壮大な話だったが、「石垣」は尾根先端にあるだけで、その正体は枝尾根先端の岩盤や露岩を石垣と誤認したものだった。高安城では一九一四年（大正三）にも同じ高安山西斜面で「門石」「重箱石」と呼ばれる自然の露岩が山腹の谷で発見され「高安城址の發見」として学会誌で話題になったことがある。誤報から十数年経ってもインターネットなどではこの〝偽石垣〟が堂々と紹介されており、敢えて再度注意を促したい。

斉明朝築城説

一九八八年に渡辺正気の「斉明天皇西下時築城説」が発表された（渡辺一九八八）。これは『日本書紀』斉明四年（六六〇）是歳条の「（A）由是国家以兵士甲卒陣西北畔（是に由りて国家《くに》、兵士甲卒《いくさびと》を以て西北《いぬい》の畔《ほとり》に陣《つら》ぬ）（B）繕修城柵断塞山川之兆（城柵《きかき》を繕修《つくろ》い山川を断ち塞ぐ兆しなり）」の記事を（A）：斉明の西征、（B）：神籠石築造を指すと解釈する新説で、九州の研究者や調査担当者はこぞってこの説を引用、支持するようになった。神籠石遺跡から土器などの出土が少ない点が年代を推定する上で最大のネックとなっており、考古学研究者らを悩ませていたが、斉明四年是歳条は長年の問題を解決する福音となった感すらある。当時の様子について宮小路賀宏と亀田修一が「九州史学会での渡辺正気の発表は……衝撃的であった」と述懐しており（宮小路・亀田　一九八七）、出宮徳尚《でみやとくひさ》を除く先行説論者の大半が渡辺説を支持した。

当初、渡辺説は九州の神籠石遺跡に限定したものだったが、その後、ほかの研究者らによって瀬戸内の古代山城も斉明朝に造られたと拡大解釈されるようになる。斉明朝築城説のオリジナルはおつぼ山調査の頃、すでに『歴史と風土　筑紫』（社会思想社）で「斉明天皇の西下という事件を、ひそかに考えている」と鏡山猛が述べており、斉明四年是歳条は鏡山の構想に文献的根拠を与える形となった。

一九八〇年代の古代山城研究は、瀬戸内の山城発見を契機に古代山城遺跡を再評価するところから始まった。しかし発掘が充分行われていない段階であったため、築城年代を絞り込むことができず、文献記載＝朝鮮式、文献未記載＝神籠石系という分類に固定化されたことが山城遺跡の多様性を見る視点を失わせ、最終的に斉明四年是歳条という文献史料に築城年代や契機を仮託するに至った。このように研究史的には、八〇年代の研究によって七〇年代までに一定のコンセンサスが得られつつあった年代論・築城主体論が再び振り出しに戻されてしまった感が強い。神籠石論争の頃には「神籠石」の名称は高良山の列石遺構と同種の遺跡に付けられていた。しかし八〇年代以降、神籠石＝「文献に記録のない山城」という新しい定義が広まり、讃岐城山城や鬼ノ城といった山城も城山神籠石、鬼城

図18　『北九州瀬戸内の古代山城』表紙

山神籠石と呼ばれ始めたのもこの時期で、「神籠石」という分類呼称が考古学的な意味を失っていった。

一九八三～八五年にはこれまでの調査や論文を収録した『北九州瀬戸内の古代山城』と『西日本古代山城の研究』（名著出版）が小田富士雄によってまとめられている（小田一九八三、八五）。また高安城を探る会が七九年に発刊した『夢ふくらむ幻の高安城』第四集も概説書のなかった古代山城研究において、よいガイドブックとなった。

混迷する古代山城論

継続調査の開始と新遺跡の発見

一九九〇年代に入ると史跡整備のために各地の古代山城《さんじょう》で継続的な調査が開始された。瀬戸内では一九八五（昭和六十）～八九年（平成元）の大廻《おおめぐり》小《こ》廻山《めぐりやま》城の後、九四年から鬼《き》ノ城《じょう》の調査が総社《そうじゃ》市によって行われ大きな成果を上げることになる。また熊本県では同じ九四年から鞠智《きくち》城の史跡公園計画が始動し、九三年からは金田《かねだ》城や御所ヶ谷《ごしょがだに》城、九四年に鹿毛馬《かけのうま》城の調査が始まるなど九州でも山城調査の機運が高まっていく。一九八七年の播磨城山城の発見や九八年の屋嶋《やしま》城での南嶺石塁の発見、そして一九九九年の阿志岐山城、唐原《とうばる》山城の発見など――九〇年代は新しい遺跡・遺構の発見も続いた。

韓国における埋蔵文化財調査の体制が整ってくると、韓国各地で城郭の地表調査や発掘

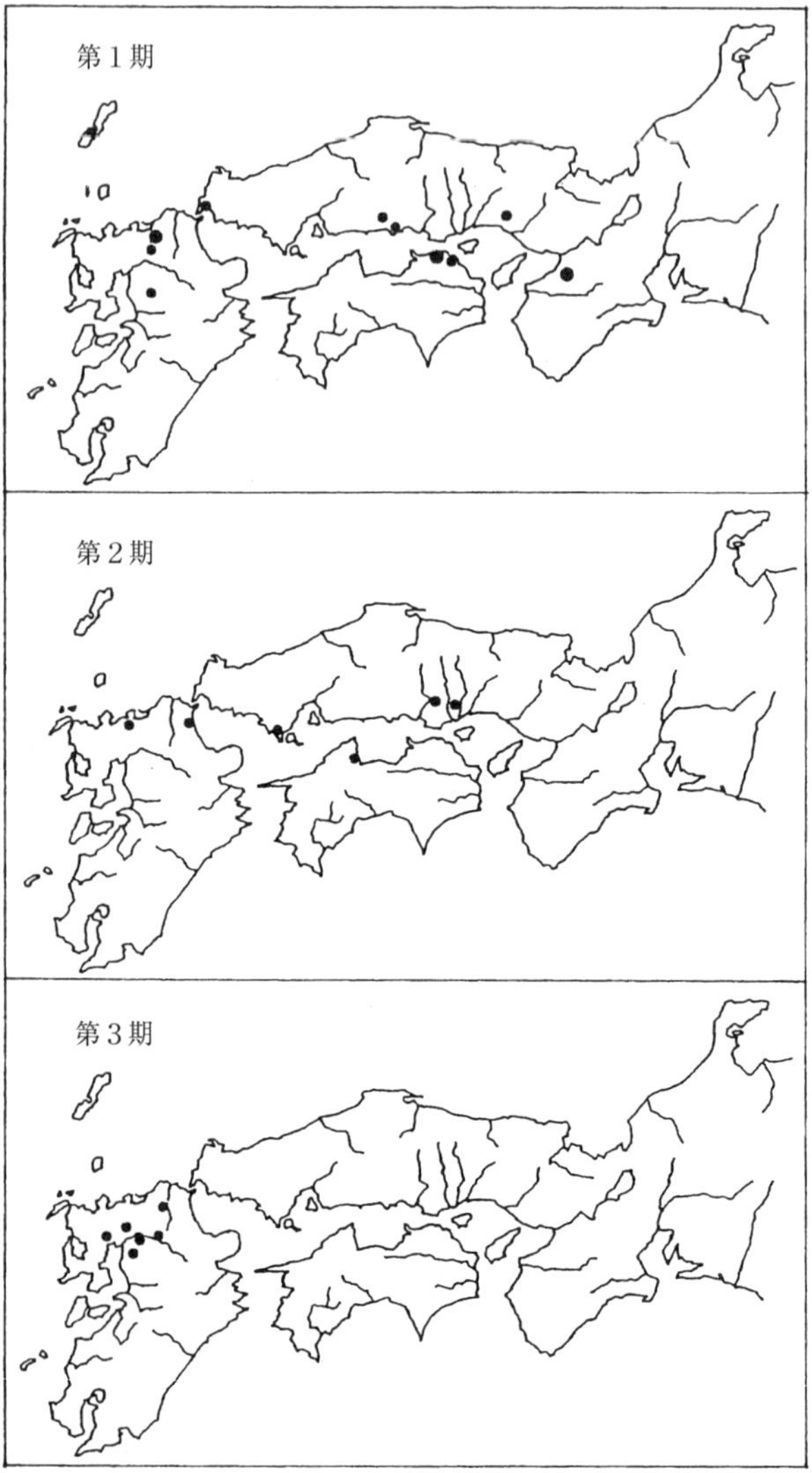

図19　後出説による古代山城分布編年図（向井一雄作成）

が実施されるようになり、史跡整備も進められていった。また中国東北部の高句麗山城の踏査が戦後ようやく外国人に開放され、半島・大陸の山城遺跡の情報が格段に増加、韓国の研究者らも来日して日本の古代山城を見学し、シンポジウムも開催されるなど共同研究が進んだ。一九九一年には古代山城研究会が発足している。

このような活発な研究状況の下で、古代山城論にも新たな動きが見られるようになった。それは、一九八八〜九二年にかけて、山上弘の「古代山城に関する一考察」、筆者の「西日本の古代山城遺跡―類型化と編年についての試論―」、乗岡実の「古代山城」など、相ついで後出説が発表されたことである（山上　一九八八、向井　一九九一、乗岡　一九九二）。神籠石系山城の年代を朝鮮式山城より新しくみる後出説自体はすでに小野忠熈、田村晃一や高橋護、田平徳栄らによって提唱されていたが、新しい後出説の特徴は遺跡の占地や縄張りと城壁構造から類型化を行いその上で山城遺跡の編年を検討しようというところにある。そういう意味では八〇年代の葛原克人らが採った方法論の延長にあるが、年代を考える上であくまでも考古学的な方法によろうとする点が相違点といえる。しかし学界の趨勢としては斉明朝築城説を前提とした論説が数多く発表され、後出説は異端視され今しばらく受け入れられない時代が続いた。

史跡の分類と遺跡の呼称問題

唐原山城の場合、当初は唐原神籠石と呼ばれていたが、二〇〇五年の史跡指定時には唐原山城跡と改称された。九ヶ所の神籠石についても将来、改称問題が浮上すると思われるが、神籠石に関しては単に名称だけでなく、史跡の指定区分改訂の問題も横たわっている。国史跡の指定・登録・選定基準の区分には九つある。雷山城の指定時にどういう経緯かはわからないが、「一．貝塚、集落跡、古墳その他のこの類の遺跡」に分類され、その後の八ヶ所の同類遺跡も全て一の区分で指定されている（一九七二年の杷木《はき》城まで）。おそらく古代山城の史跡区分の見直しが始まったのは鬼ノ城からでその後は全て「二．都城跡、国郡庁跡、城跡、官公庁、戦跡その他政治に関する遺跡」の区分で分類されている。

鬼ノ城、唐原山城、阿志岐山城など古代山城の遺跡命名のルールは未だ流動的なものがあるが、行政的（公式）な名称はともかく、今後学術論文などでは〇〇神籠石という表記は控えるべきだろう――研究者は名称の由来について理解していても一般の方々を混乱させてしまう。小野忠凞は八〇年代から〇〇神籠石を〇〇城の表記に改めるべきだと提唱していたが、最近ようやく「〇〇城」表記が研究者間で定着しつつある。研究の進展によって学問上の呼称と史跡名称がそぐわなくなったケースは、紫香楽宮《しがらきのみや》跡（滋賀県甲賀市／実は近江国分寺）や城輪柵《きのわのさく》跡（山形県酒田市／実は出羽国府）などがある。

発掘調査の進展と年代論—先行説対後出説の行方—

山城遺跡にいくつかの類型があることは長い研究史の中で認識されてきていたが、後出説はそれを時期差や機能差（対外防衛→律令制化・地域支配）として段階的な築造過程を推定し、編年序列も軍事性の低下していく方向で想定するなど、古代山城全体を俯瞰した上で立論されている。これに対して先行説は年代論の根拠を斉明四年是歳条に依拠しているため編年序列など考古学的議論に乏しい。九〇年代の山城論の対立は、村上幸雄・乗岡実共著の『鬼ノ城と大廻り小廻り（吉備考古学ライブラリィ 2）』（一九九九年／吉備人出版）に詳しく紹介されている。

図20　『鬼ノ城と大廻り小廻り（吉備考古学ライブラリィ2）』表紙

従来の考え方に見直しを迫ったのは鬼ノ城の発掘調査の進展だろう。総社市による外郭線の調査によって鬼ノ城の外郭線や城門などの構造面が明らかにされるとともに、一九九九年の岡山県による城内試掘調査、二〇〇六年からの本格調査によって鬼ノ城の年代を示す土器が多量に出土した。鬼ノ城が古代山城として朝鮮式山城と比べて遜色ない構造を持つこととその築城・維持された年代が七世紀第4四半期を中心としていることは、文献未記載の山城を斉明天皇四年是歳条を頼りに説明してきた先行説の研究者も無視できず、再考を迫ることになった。

その後の調査によって、鬼ノ城以外の文献に記録のない山城からも七世紀後半～八世紀初め頃の土器が出土することに対して、先行説論者からは、最初神籠石系の諸城が斉明朝に着工されたが未完成に終わり放棄され、白村江《はくすきのえ》戦後にその一部が修築され朝鮮式山城と並存したといった一種の解釈論・折衷案が出されていた。しかし最近の論調を見ると、鬼ノ城や讃岐城山城など瀬戸内の古代山城を文献記載の朝鮮式山城のグループに加えて、北部九州の神籠石系山城と切り離す考え方を見かけるようになった。讃岐城山城などは明治期の発見から七〇年代頃までは「文献に記録のみえない朝鮮式山城」として分類されており、自説の都合に合わせて「神籠石」にしたり、「朝鮮式山城」にしたりする研究姿勢はいかがなものだろうか？

古代山城に関して文献に記載のないことを特別視するのは八〇年代以降顕著となった傾向だが、実は韓国の山城でも城名が判明している事例はごくわずかで、大半が無名の城である。日本の東北城柵でも、払田柵《ほったのさく》（秋田県大仙市《だいせん》）や宮沢遺跡（宮城県大崎市）など文献に記録のない遺跡はいくつもあるし、山城に劣らない大工事である国府や郡衙《ぐんが》、駅路《えきろ》などの建設について『日本書紀』や『続日本紀《しょくにほんぎ》』に記録はない。古代――それも記録の豊富な時代でも文献に記載のないことは不思議なことではないことに気付いて欲しい。

文献史学と古代山城論

古代山城は文献記録が少ないこともあって、文献史学の研究者からの研究は活発とはいえない。文献史学では、日本の古代山城に関して全て白村江戦後に同時に造られた防衛施設と捉えるような論調が多い。

最近、狩野久、白石成二ら文献史学の研究者からも七世紀後半の大宰・総領制との関係で神籠石系の山城を捉えようとする論考が発表されているが（狩野　二〇一〇、白石　二〇〇七）、基本的には対外的な防衛施設と考えられている。しかし二〇一〇年（平成二十二）秋開催の「鬼ノ城フォーラム」で鈴木靖民は「西日本から瀬戸内に順次配置された山城群は、（徴兵・武器集中、民衆把握の）施策との密接な関連のもとに……おおむね六七〇～六八〇年以降の時期に……造営された」とする説を発表した（鈴木靖民　二〇一二）。仁藤敦史も『女帝の世紀』（二〇〇六年／角川書店）で、百済《くだら》救援軍と壬申《じんしん》の乱《らん》時の軍事動員のスピードの違いから「大宰総領制・朝鮮式山城築城による広域行政軍事制度の整備、および初の全国的な統一形式による庚午年籍《こうごねんじゃく》の作成により評《こおり》―五十戸体制が本格化した」と述べている。山城築城が単に防衛網を造っただけではなく、武器の集中管理と戸籍による民衆把握によって「軍国体制」を立ち上げることと連動した事業だった点は、今後特に重要な観点になっていくだろう。

九〇年代以降の研究史の中で、二〇〇九年に発表された八木充の論文「百済滅亡前後の戦乱と古代山城」『日本歴史』七二二（吉川弘文館）は、斉明朝築城説の再考を促す文献史学からの警鐘となった。八木論文の要旨は、斉明四年是歳条の「国家」が倭国ではなく百済であり、この記事の「兵士甲卒、陣西北畔」「繕修城柵」が百済滅亡後の復興軍の活動を示しているということで、新解釈によれば斉明朝築城説はその論拠を根底から失いかねない。今のところ八木説への反論は渡辺からも出されていないが、八木説自体に問題がないわけではない。そもそもこの斉明四年是歳条の記事は、六五八年（斉明四）の出雲における雀魚《すずめうお》大量漂着から始まる予兆記事であり、『日本書紀』編者は、不吉な雀魚の話から二年後の海の向こうの百済滅亡を予言し、百済救援軍の派遣とその後の防衛体制の話をこの記事に語らせたかっただけかもしれない。

この記事を重視するならば、五八三年の日羅《にちら》の塁塞や六八九年（持統三）の筑紫の新城、六九九年（文武三）の三野・稲積城も取り上げねば、史料操作上恣意的だと誹《そし》りを受けても仕方がないだろう。斉明四年是歳条に「繕修」とあることからそれ以前に城があった証拠だと解釈する考古学者も多いが、考古学者が年代を決めるのに、文献史料だけに頼るようになってはもはや考古学者ではない。六七八年（天武七）の「筑紫大地震」で高良山城の北側列石が崩壊したという説も文献史料に頼った年代推定であり、まず高良山城の北斜面の発掘調査が先決だろう。結論は急ぐべきではない。考古学研究はまず考古資料の検討からという王道に今こそ立ち返ることが求められており、「倭国大乱と弥生中期の高地性集落」や「仁徳《にんとく》・応神《おうじん》天皇陵と中期古墳の編年」など、安易な文献史料との対比が研究の停滞を招いた事例に学ぶべきだろう。

二〇〇九年十月に福岡県久留米市で開催された「神籠石サミット」では八木論文の影響からか、斉明天皇一色だった論調がトーンダウンし、「磐井《いわい》の乱後ヤマト王権築城説」や「斉明朝～天武朝までの段階築城説」「朝鮮式山城と同時築城説」などに分かれている――九州の研究者らの混迷はいつまでつづくのだろうか？

古代山城研究が混迷を続ける背景

研究史を振り返ってその岐路はどこにあったのか？　やはり八〇年代以降の研究が文献の記載状況に拘泥したことが最も大きく影響しているだろう。坪井清足は一九八一年の「城郭研究の現状と課題」『日本城郭大系』別巻Ⅰ（新人物往来社）で「（古代の城の）造られた歴史的背景が何らかの形で今までの古代史の中に反映しているという点を考慮に入れずに、単なる技法的な面からのみ評価することはできない」と提言している。坪井のいう通り、築城には何らかの歴

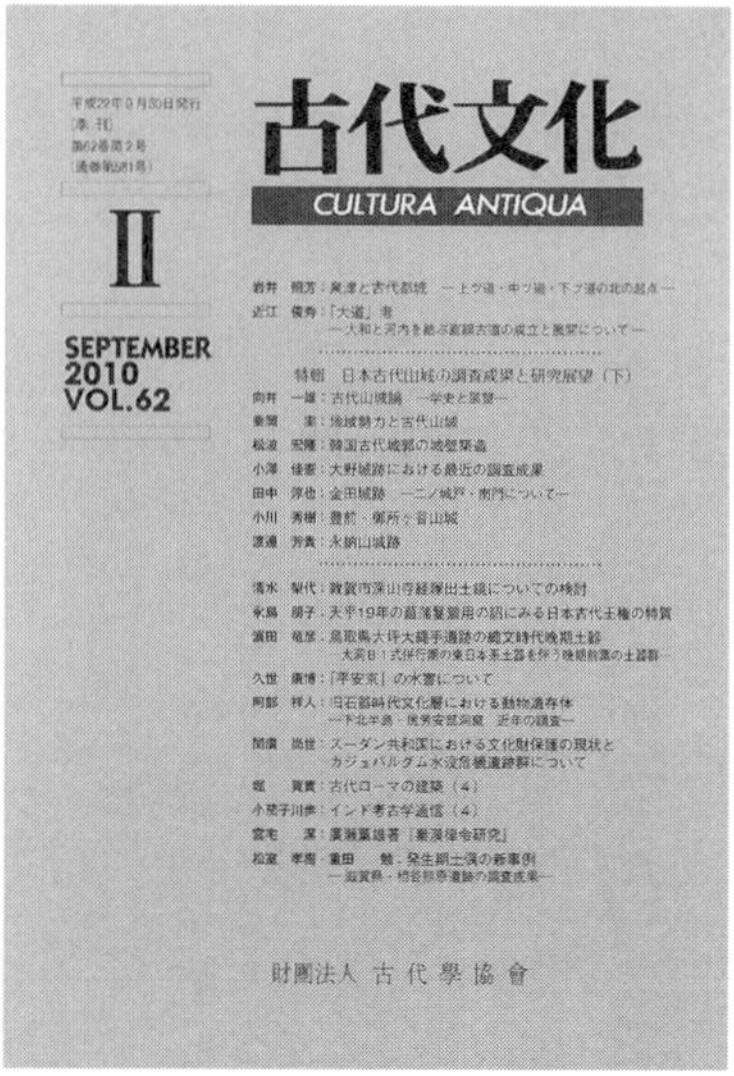

図21　『古代文化』62-2「日本古代山城の調査成果と研究展望」特輯号 表紙

史的背景があっただろうが、考古学的な検討を充分に行わずに、史書に記載されない理由のみを詮索する研究姿勢は、最も重要な城郭構造の検討を軽視することにもつながっていった。

　六〇年代の発掘調査、七〇年代後半の瀬戸内での新遺跡の発見などによって朝鮮式山城との近似性が認識され、八〇年代初めには各山城の城壁構造や占地・縄張りプランの検討が着手されていたにもかかわらず、八〇年代以降、文献に記載のあるなしによる分類が固定化していく。朝鮮式山城と神籠石系山城は歴史的契機の異なる城郭と捉える研究状況の下で発表された渡辺説によって斉明朝築城説は「定説化」し、多くの研究者が築城年代を斉明四年是歳条の記事に依拠するようになっていった。

古代山城研究最前線

阿志岐山城の発見

阿志岐山城発見記

近年の古代山城《さんじょう》研究において第一のトピックをあげるならば、一九九九年（平成十二）の阿志岐《あしき》山城（福岡県筑紫野市／旧称・宮地岳古代山城）の発見だろう（筑紫野市　二〇〇八）。

古代山城の発見は一〇年に一回といわれる――確かにその前の発見は一九八七年（昭和六十二）の播磨城山城（兵庫県たつの市）、そのまた前は一九七七年の四国の永納山《えいのうざん》城（愛媛県西条市）、九州での発見はそのちょうど十年前に当たる一九六七年の杷木《はき》城（福岡県朝倉市）だった。

古代山城の探索というと、大阪・八尾市の市民グループ「高安《たかやす》城を探る会」が二年の探索の末、一九七九年に高安山で六棟の礎石建物群を見つけたことがよく知られている。し

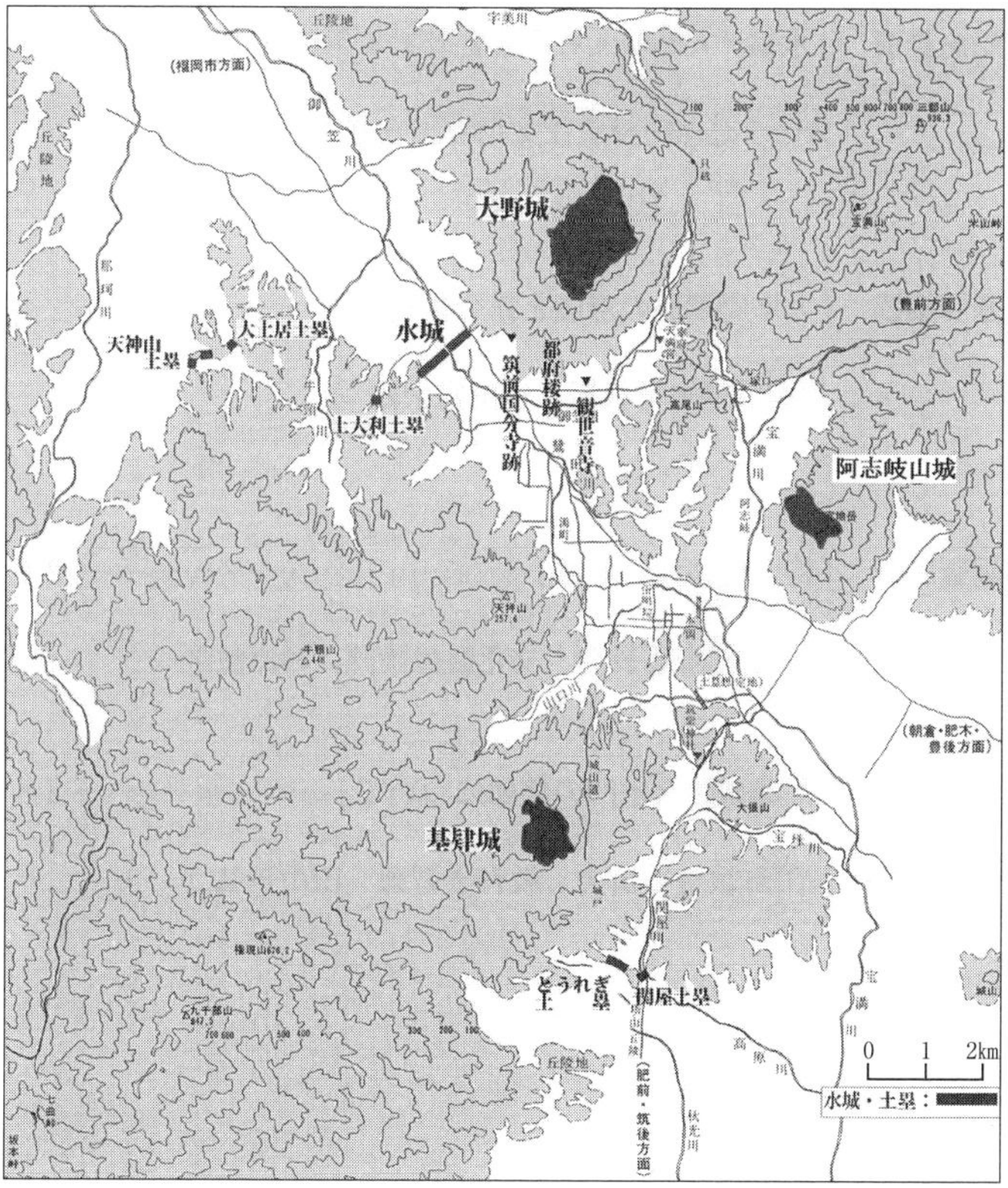

図22　大宰府周辺の山城と阿志岐山城の位置関係（『特別史跡大野城跡』より）

かし未知の古代山城の発見という前人未踏の探索行に挑んだ男がいた——その人の名は中嶋聡、職業は大阪の大学職員だが、踏査の季節になると古代山城がありそうな山に登り、藪《やぶ》こぎを続けた。その数は五〇を越える。

一九九八年秋、太宰府市で古代山城研究会により版築《はんちく》土塁シンポジウムが開催された。前日の見学会で、研究会メンバーが大野《おおの》城の尾花地区辺りから南方の基肄《きい》城を眺めていた。その時、天満宮の街並みの向こうに円錐《えんすい》形の山（宮地岳《みやじだけ》）が目に止まった。「あの山に城はないのかな?」、「あそこに築けば大宰府東方の守りに最適だ!」などと語り合ったのだが、このたわいのない会話が数ヶ月後の発見につながるとは——この時誰も想像すらしていなかった。

中嶋はこの会話に触発されて、九八年冬の踏査シーズンの最後——一九九九年の三月二十一日に、宮地岳に登ってみた。宮地岳が大宰府東方の守りだとすれば、豊後《ぶんご》に抜ける朝倉街道を押さえる位置にあったはずだ——そう考えて宮地岳南方の山家《やまや》から登り宮地岳南側の谷から山頂にかけて探索した。しかし芳しい成果は上がらず、「この山にも城はない」と山頂から下り始めた。

本格的な登山も趣味とする中嶋だったが、疲れもあったせいか途中で方角を誤って見慣れない林道に出た。南へ下るつもりが北側に下山してしまったらしい。しかしこれが幸いして、林道から右手に見える小さな尾根の中腹で列石線を発見することになった。遺跡発見の物語には偶然の出来事がつきものだが、この時もあたかも遺跡が呼んでいたのである。連絡を受けた古代山城研究会の有志数名が翌四月初め、中嶋とともに確認に赴き、遺構の平面図と略測図を作成し福岡県と筑紫野市に提出、これが発見の第一報となった。

阿志岐城が発見された前年の九八年一月には、香川県高松市の屋嶋《やしま》城でこれも古代山城研究会会員の一人である地元在住の平岡岩夫により、遺構がないとされていた山頂部で高さ五㍍《メートル》もの石塁が見つかっていた。また中嶋が宮地岳に登ったちょうど同じ頃、福岡県築上郡大平村（現上毛町）では地権者からの連絡を受けた村教委と福岡県により唐原山城が確認調査中だった——そういう意味で九八〜九九年は古代山城発見の当たり年だったといえる。阿志岐山城はその後、専門家による確認、地元への説明などを経て、一九九九年六月二十五日に「阿志岐山城発見」のニュースが九州版の新聞各紙で報道された。

大宰府羅城の東の守りか？

阿志岐山城発見のニュースは、朝日新聞の太宰府支局記者が一日前にスクープしてしまったため、九州版のみの扱いとなり全国的には報道されなかった。しかしその位置は今までの予想を覆すものであり、地元九州の考古学関係者には衝撃が走った。従来、大宰府の守りは政庁の北に大野城、西の博多湾側に水城《みずき》と小水城《しょう》、南方には基肄城が築かれたとされてきた。東方に関しては特に防御

図23　阿志岐山城 列石

施設はなくいわば〝がら空き〟の状態だったが、天満宮南の石坂峠から永岡、そしてJR基山駅北側の関屋土塁まで「羅城《らじょう》」があったとする阿部義平説が当時注目されていた——しかし新発見の阿志岐山城は、阿部説の羅城ラインの外側、宝満川を渡った場所にあった。

朝鮮半島諸国——百済《くだら》や新羅《しらぎ》の王都周辺には都を囲む山々に山城が築かれている。大宰府はその中でも百済・扶余《プヨ》の羅城をマスタープランにしたと指摘されてきたが、阿志岐山城が発見されたことにより、都を取り囲む三山に山城のある新羅の都・慶州《キョンジュ》にも似てきた。そして研究者の首を最も傾げさせたのは、阿志岐山城の遺構が宮地岳の北斜面に設けられている点であった——大宰府東方の守りであれば、筑後川流域や朝倉平野を見下ろす宮地岳の南斜面に築かれるはずだというのだ。

例を見ない特異な構造

もう一つ考古学研究者を驚かせた点は阿志岐山城の外郭線の構造だった。阿志岐城を最初に見た古代山城研究会のメンバーもその見たこともない列石に目が釘付けになった。どういう点が他と違うかというと——通常、古代山城の列石は土塁の裾に当たる部分に一段だけ並べられている。しかし阿志岐城の場合、列石が二段になっているところが多く、さらにその列石の下に一五〜二〇センチ程飛び出した平たい石材が列石の基礎を支えるように敷き並べられている。また二段に積まれた列石は、上の石材を据える時に下になる石材の角をL字形に切り欠き加工を施して組み合わせるなど——非常に凝った構造となっていた。切り欠き加工による石組みは古代山城の石塁などでも時に見るものだが、列石でこのような積み方をしている例はほとんどなかった。当初は部分的に変わった構造をしているとの見方もあったが、その後の調査で阿志岐山城の列石は全て共通した構造を持っていることがわかった。

古代山城については、文献に記録のある山城を「朝鮮式山城」、文献に記録のない山城を「神籠石系山城」と分けて捉える研究者が多い。九州では特にこの考え方が強く、また北部九州の神籠石系山城が、占地（どのような場所に築くか）、縄張り（どのような平面プランの城にするか）、構造（どのような城壁を造るか）といった面で共通性が強いため、瀬戸内の神籠石系山城に対して、北部九州のものに「神籠石式」とか「神籠石型」といった名

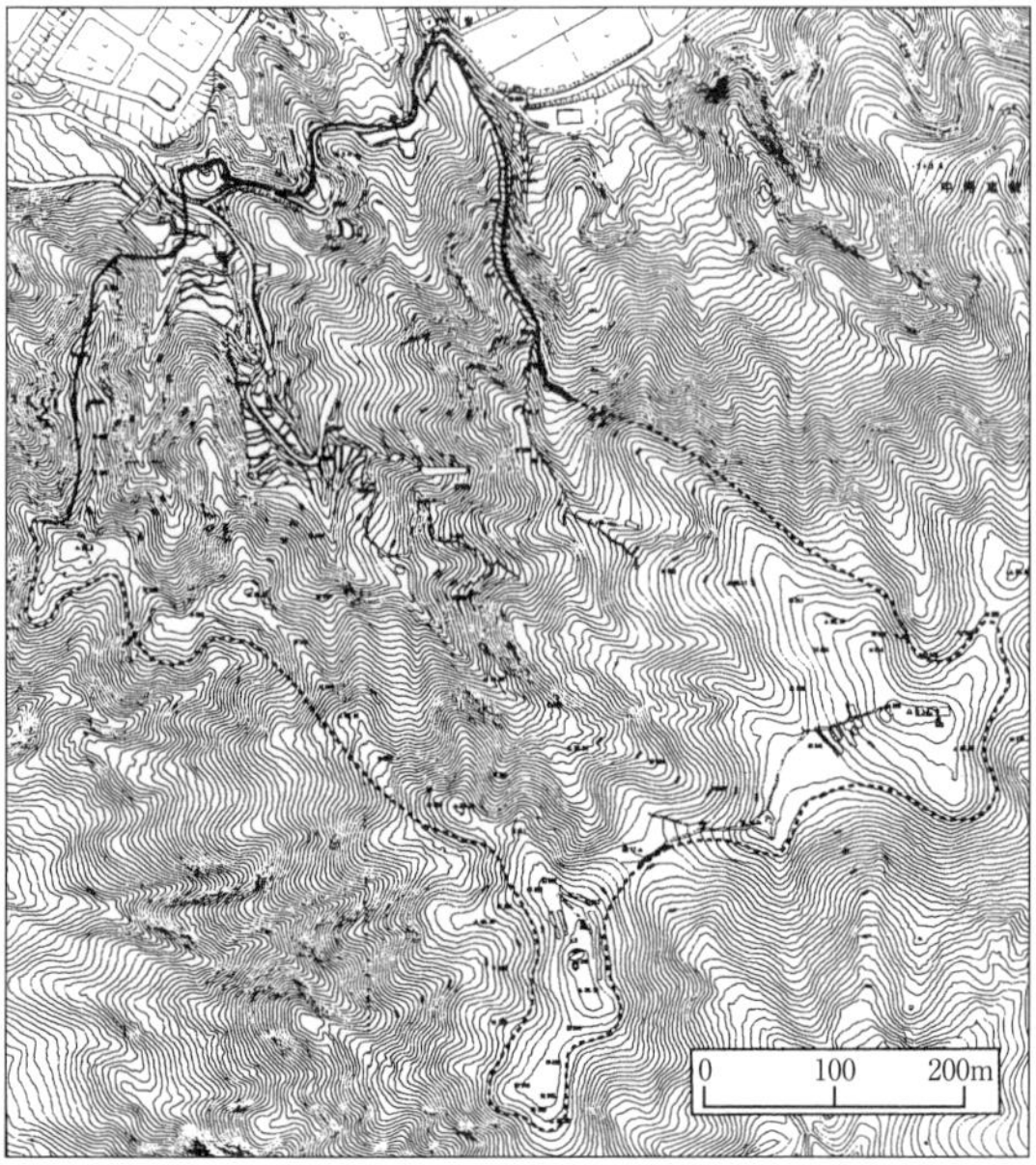

図24　阿志岐山城 平面図（実線：城壁あり，点線：城壁なし）

称を付けて瀬戸内と区別する研究者もあった。しかし阿志岐山城の特異な列石構造は、九州のものとも瀬戸内のものとも違っており、これまでの分類には当てはまらないものだった。

阿志岐山城では谷間を塞ぐ石塁が三ヶ所確認された。その中でも第三水門の石塁は残りがよく、石材は自然石と切石の中間的な加工度で、所々に列石と似た切り欠き加工が施されており、瀬戸内の神籠石系山城の一つである山口県光市の石城山城の石塁によく似ている。阿志岐山城は、占地は瀬戸内的（比較的高い独立峰型）、縄張りは九州的（傾斜囲繞《いにょう》型）、構造は九州的（土塁基底部の切石加工された列石を露出）な部分と瀬戸内的（石塁）な部分がみられ、いわば瀬戸内と九州のハイブリット的な古代山城である点が大きな特徴であった。

また大宰府を取り囲む山城である大野城や基肄城といった山城とセットをなす位置関係からこれらの山城との関係も注目された。発見当初は文献に記録はあるが場所がよくわからない三野《みの》城や稲積《いなづみ》城ではないかと期待されたようだが、大野城などとはすぐ近傍にあるにもかかわらず、外郭線の構造や縄張りがかなり異なっており、同時期に築かれた城とは思えなかった。

外郭線の三分の二に列石・土塁がない？

調査が進むとさらに研究者たちを悩ます状況が現れた。阿志岐山城は宮地岳の北斜面に築かれており、部分的に発見された列石や谷間の石塁をつないで山頂を取り込むとだいたい周囲三・六キロぐらいの規模だと推定された。しかし、山頂部分やそこから続く尾根筋にトレンチを開けて調査しても列石線も土塁も——そして造成した痕跡すら見つからなかった。最終的に列石線など外郭線が造られているのは、山麓に近い一・二キロであることが判明した。これは想定外郭線の約三分の一で、残り三分の二には何も造られていなかった。山頂部分では列石などの遺構が見当たらない点については発見当初からわかっていたが、九州の神籠石系山城にはこのようなケース——部分的に欠石する——がよく見られたため、今回も山頂の一部分だけ外郭線がないのではと思われていた。ところが阿志岐山城の場合、外郭線が築造されていない部分が築造された部分よりもはるかに長いことになり、この点も新たな謎となった。

九州の神籠石系山城で外郭線の一部が造られていないことについては、これらの山城が未完成であるとする説がある。しかし外郭線の一部ならともかく、阿志岐山城のように想定される城壁の大半が造られていないというケースも未完成という言葉で片づけてよいのだろうか。そして不思議なことに阿志岐山城の場合、城壁が築造された部分は工事が完全に完了しているのだ。築造部分の中には未完成の箇所は見あたらないし、築造部分の両端はぷっつりと途絶えている——あたかもここで工事は完了したかのようにそこからは城壁が設けられていない。

蘆城駅や米の山峠越え豊前路との関係

阿志岐城の発見時にまず想起されたのは「蘆城駅《あしきのえき》」の存在だった。この駅は『延喜式《えんぎしき》』にはないが『万葉集』では大宰府官人の宴会の場所として九首もの歌が残されている。どうも奈良時代から平安時代にかけての駅路再編時に廃止されてしまった駅家《うまや》らしい。筑紫野市の阿志岐はその遺称地名とみられていた場所で、この地区の圃場整備に伴う発掘調査では、一九七八年に御笠遺跡群A1地区で蘆城駅家ではないかと思われる奈良時代の大型建物跡も見つかっていた。

大宰府政庁からは水城東門を抜けて粕屋《かすや》から宗像《むなかた》、遠賀《おんが》を通って長門《ながと》方面へのルート、また水城西門を抜けて鴻臚館《こうろかん》へ向かうルート、南方は城の山道を越えて肥前・筑後方面へのルート、そして大宰府南方の長丘《ながおか》駅家（筑紫野市永岡）から豊後へ向かうルートなどいくつもの駅路が分岐していた。その一つとして豊前へ抜ける駅路（田河道）があり、大宰府政庁から東へちょうど現在九州国立博物館の南方の石坂峠を通って阿志岐の平野に出て、そこから米の山峠を越えて飯塚方面へ向かうというものだった。蘆城駅はこの豊前路の最初の駅家であり、大宰府に入る人々にとっては大宰府到着直前の駅家でもあった。

さて「蘆城駅家」「御笠遺跡群A1地区」「米の山峠越え」そして「阿志岐山城」の関係なのだが、実は先に書いた阿志岐山城の中途半端な城壁ラインはこの御笠遺跡群A1地区から見ると、西端の土塁線の中断部分から東端の第三水門石塁まで全て見渡すことが可能なのだ。逆に少しでもこの遺跡から南方や東方にずれると周囲の丘陵が視界を遮ってしまい、城壁ラインを全て見ることはできなくなる。ようするに、御笠遺跡群A1地区から見ると、あたかも宮地岳の山頂まで城壁がめぐっているかのように造られているわけだ。山麓からの視点（ヴィスタ）を意識したこのような城壁のめぐらせ方は九州の他の神籠石系山城でも認められるが、これほどはっきりとした事例は少ない。いわば「見せる山城」の典型例といえる。御笠遺跡群A1地区（蘆城駅推定地）と阿志岐山城が非常に関係深いことから想像をまじえると、この「蘆城」という駅名自体が阿志岐山城の城名を伝えたものであった可能性が高いと考えられる。

このように阿志岐山城は、謎多き北部九州の神籠石系山城の歴史的性格を解く鍵となる遺跡であり、また日本の古代山城の型式分類や編年研究からみると、北部九州と瀬戸内の神籠石系山城をつなぐミッシングリンク的な遺跡の発見でもあった。

鬼ノ城の発掘

門礎石の発見

岡山県総社《そうじゃ》市の鬼ノ城《きじょう》は二〇〇七年（平成十九）に城門や土塁が復元され、古代吉備《きび》王国の遺跡が点在する吉備路の観光パンフレットなどにも掲載されているので、今では一般の観光客にも知られるようになっているが、この遺跡（当時は温羅《うら》遺跡といった）が古代山城ではないか、と最初に指摘されたのは一九七一年（昭和四十六）のことである。その後一九七八年に地元山陽放送の後援で遺跡全体の範囲確認と実測調査がなされ、古代山城の遺跡であることが確実となったが、その後長らく本格的な発掘調査は行われなかった。

本格的な調査と整備事業が動きだしたのは、一九九三年の東門での門礎石の発見と翌年の東門跡の発掘調査からで、総社市による外郭線の調査が九六年から毎年続けられた。こ

図25　鬼ノ城 南門

の総社市の調査によって、それまでの地表調査によるイメージを塗り替えるような壮大な鬼《き》ノ城《じょう》の全貌が明らかとなっていった。

石敷きの城門跡とコの字形門礎石

東門で発見された門礎石は「唐《から》居敷《いじき》」と呼ばれるもので、日本では、大野《おおの》城や対馬の金田《かなた》城など九州の朝鮮式山城や飛鳥の寺院跡、そして藤原宮跡や平城宮跡といった近畿地方の都城関係の遺跡で見つかっていた。東門で見つかった門礎石は掘立柱《ほったてばしら》（円柱）に添える円弧状の抉《えぐ》り加工がされ、門扉の回転軸を受ける軸摺《じくずり》穴と長方形の方立《ほうだて》（扉軸を隠す板材）穴を持つタイプで大野城の門礎石とよく似ていた。唐居敷は通常木製であることが多く、石製のものは宮殿や山城などかなり大きな門でなければ使われていない。最近、兵庫県の落地《おろち》遺跡や古大内遺跡という駅館《えきかん》の遺跡で石製唐居敷が見つかっているが、北部九州と近畿に石製唐居敷の二大分布地域がある状態は変わっていない。

すでに一九七八年の調査時にも東門は城門推定地として有力視されていたが、発掘調査によって、日本の古代山城では初めてとなる石敷きの城門が姿を現した。幅三・三×奥行き五・六㍍《メートル》の城門の床面には花崗岩《かこうがん》の平石が敷かれ、その中央に一対の床石共用の門礎石があり、掘立柱構造の四脚門であることがわかった。さらに城内に向かってハの字に開く袖石垣が設けられ、その先には巨大な岩盤が行く手を遮るという防御性にも優れた城門だった。発見の端緒となった門礎石は、城門の前面が崩壊した際に左側の門礎石が割れ転倒した状態で埋まっていたものが露出し発見されたこともわかった。

石敷きの城門は、その後、対馬の金田城や香川県の屋嶋《やしま》城でも確認され、城門の奥を岩盤で遮るプランも屋嶋城の城門で見つかったが、鬼ノ城で最初に発見された時の衝撃は大きかった。朝鮮半島でも石敷き城門は数多く見つかっているが、どちらかというと朝鮮半島中部以北——高句麗《こうくり》・渤海《ぼっかい》の故地——でも発見事例があり、技術的な系譜が北方にあると予測されている。

鬼ノ城では、東門に続いて西門、南門、北門と四ヶ所の城門が発見、発掘調査された。東門調査の時点ではその唐居敷のタイプが九州の大野城や飛鳥の川原寺で見つかったものと同系統だったことから、鬼ノ城と大野城などとの親近性が窺え、白村江《はくすきのえ》敗戦後に築かれ

図26　円柱掘立柱式門礎石とコの字形門礎石（上：大野城小石垣，下：播磨城山城沓石）

たいわゆる朝鮮式山城と同じ頃、鬼ノ城も造られた証拠になるとみられていた。しかし、西門で見つかった城門遺構は東門と同じ石敷きとはいえ、その規模は二倍近くあり、そして最も研究者を驚かせたのは「コの字形門礎石」が据えられていたことだった。

先に東門や大野城で見つかっている門礎石が、掘立柱を添える円弧状の抉り加工と軸摺穴、長方形の方立穴を持つタイプだと説明したが、コの字形門礎石とはこの掘立柱を添える抉り加工の部分がコの字形すなわち「角柱」を添える形になっている。また長方形の方立穴も分厚い正方形に近い形状を持つなど、両者の形状はかなり異なっている。九州の神《こう》籠石《ごいし》系山城ではこれまで門礎石が見つかったところはなかったが、実は瀬戸内の神籠石系山城では、門礎石とみられるコの字形の石造物が、石城山城、香川県坂出《さかいで》市の讃岐城山城、そして一九八七年に発見された播磨城山城で見つかっていた。しかしいずれの石造物にも軸摺穴らしい加工はなく、城門に据え付けた状態でもなかったため、弩の台石とする説さえあった。しかしそのコの字形の石造物と瓜二つのものが西門をはじめ南門、北門と、東門を除く鬼ノ城の全ての城門から、それも据え付けられ、かつ使用された状態（扉板が擦った痕がある）で発見されたのである。

鬼ノ城の城門発掘は一気に瀬戸内の神籠石系山城の歴史的性格を解く鍵を我々に与えてくれたのだが、研究者の間でもコの字形門礎石自体に関する認識が薄かったため、その意義はなかなか理解されなかった。その要点は三つあり、①まず鬼ノ城の城門からコの字形門礎石が発見されたことにより、瀬戸内の神籠石系山城三ヶ所で見つかっていた同型の石造物が門礎石であることが確実になったこと、②そして、鬼ノ城と三城の関係が技術的にも密接な関係を持っていること、③またこれら三つの山城に存在するコの字形門礎石に軸摺穴加工や扉の擦痕が認められないことから、これらの山城の門礎石が未製品であることを示していること、である。

石敷き門の場合、軸摺穴の加工が門の床面に礎石が据え置かれた後、軸摺穴の加工が施されたことは、鬼ノ城北門の右門礎の軸摺穴が途中で位置を変えていることからも推察される。また讃岐城山城では、サルブチ滝のホロソ石（地元での石造物に対する呼称）がコの字形の抉り部分が未完成の状態で放置されており、鬼ノ城を除く三城ではコの字形門礎石を据える城門工事が完了しなかったことを暗示している。

県による城内調査開始―土器大量出土～年代決定へ―

考古学では遺跡から出る土器がその遺跡の年代を決める重要な手掛かりとなる。これまで古代山城からはこの土器の出土が非常に少なくわずかであったため、出土土器から古代山城の年代を論じることができなかった。大野城や基肄《きい》城《じょう》、鞠智《きくち》城などは九世紀半ば頃まで維持されていることが文献史料にも残っており、存続期間が長いことから城内に建物も数多く建てられ、土器や瓦なども それに伴って出土している。しかしむしろこの三城は日本の古代山城の中ではレアケースであり、多くの山城は七世紀後半から八世紀初頭の短い存続期間で廃城となっている。鬼ノ城は一九七八年の調査時から表面採集される土器片が比較的多く、発掘調査では土器の出土が期待された。とはいうものの総社市の発掘は外郭線や城門跡が対象だったため「甕破片」などが多く、年代のわかる「坏《つき》」などの出土に恵まれなかった。しかし南門の城内側で土取り跡が検出され――ここから各種器形の須恵器《すえき》がまとまって出土し貴重な年代資料となった。この時の出土資料の年代観は、七世紀後半から八世紀前半――もう少し絞り込むと七世紀末から八世紀初め頃となった。これまで鬼ノ城で採集されてきた土器類もほぼこの年代幅の中に収まるものが多かった。

そして一九九九年、岡山県による城内の発掘調査が行われることになった。この時は城内のどの部分にどのような遺構があるか探索するため、城内各所に百本ものトレンチが設けられた。その成果としておおよそ三つのゾーンに遺物が集中して出土することが明らかとなった。それまで城内中央の尾根に礎石建物が四棟あることが踏査によって知られていたが、九九年の調査によってこの地区にはもっと多くの建物があることが判明し、倉庫とみられる三×三間の礎石建ての総柱建物が多いことから、「倉庫ゾーン」と名付けられた。またその倉庫ゾーンから西側に谷一つ挟んだ尾根も遺物の出土が多かったため、仮称「兵

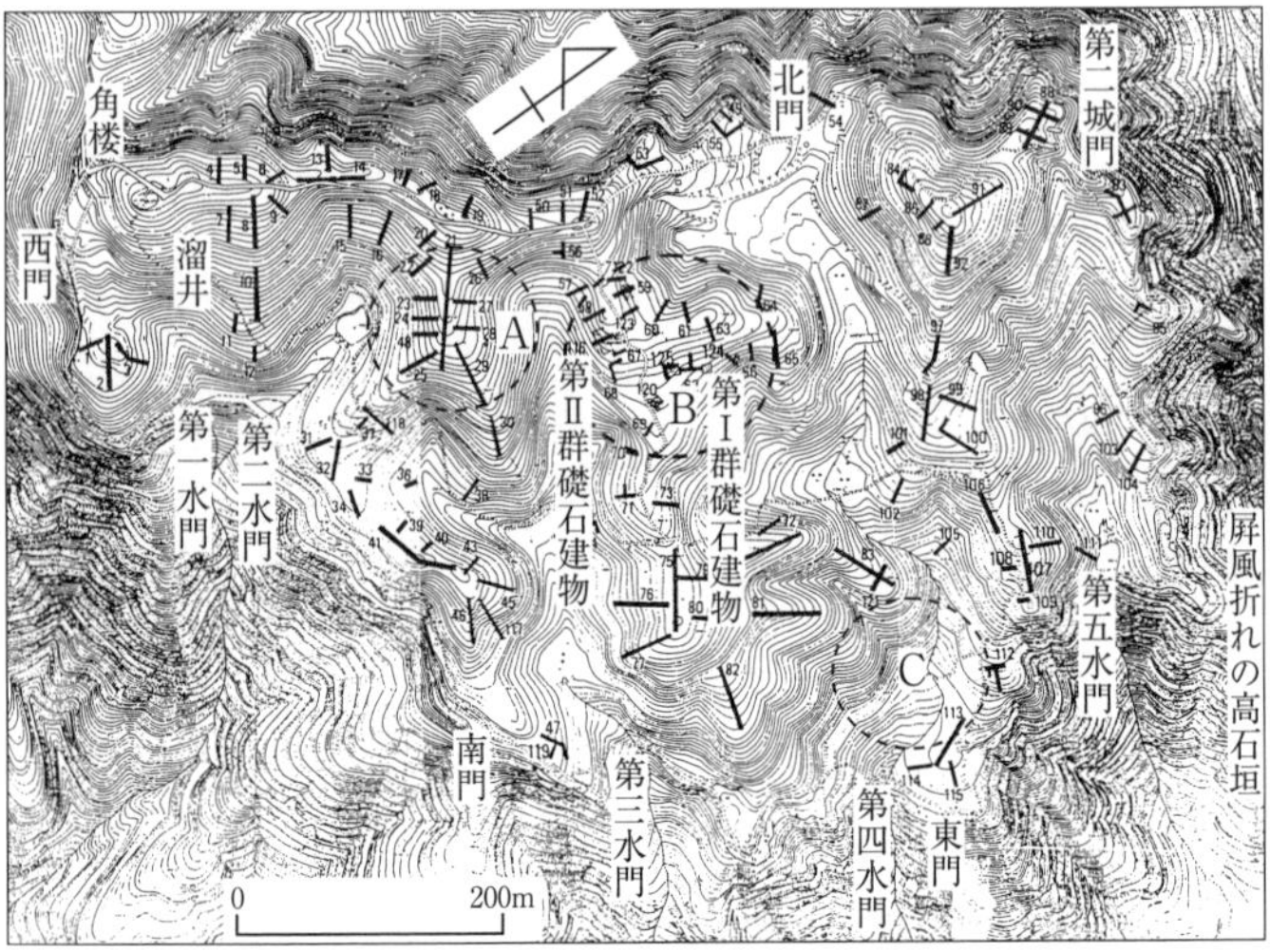

図27　鬼ノ城 城内調査平面図（A：兵舎ゾーン，B：倉庫ゾーン，C：鍛冶工房ゾーン）

舎ゾーン」と名付けられた。そして第四水門の谷奥からは鍛冶滓や吹子《ふいご》羽口《はぐち》など鉄器製作に関わる遺物が多数出土し、「鍛冶工房ゾーン」と名付けられた。

岡山県による調査は、その後二〇〇六年から七ヶ年計画で本格的に開始され、二〇一〇年度までに五度の調査が行われている（岡山県　二〇一三）。その成果は岡山県古代吉備文化財センターのホームページや報告書で詳しく報告されているので、ここではかいつまんで紹介しておきたい。まず兵舎ゾーンは期待された建物の残りが悪く、どのような建物があったのか明らかにできなかった。しかし初年度に七世紀末〜八世紀初頭に年代を絞り込める須恵器・土師器が五〇点近くまとまって出土し、これまでの鬼ノ城調査で推定されてきた年代観——七世紀第４四半期を中心とする——を裏付ける結果となった。また倉庫ゾーンについては総柱建物が全部で五棟、少し離れた尾根を挟んだ東西に二棟の大規模な側柱建物（一七×六・五メートル）が建てられていることがわかった。側柱建物は役所的な建物で、円面硯なども出土したことから、倉庫や鬼ノ城全体を管理する施設だったと推定されている。鍛冶工房ゾーンについては一二基の鍛冶炉が検出された。当初は修理程度とみられていた鉄器製作がかなり大掛かりな「生産」を行っていたと考えられるなど、活発な人の動きのある古代山城の様子が窺える。

七世紀第４四半期の築城

さて鬼ノ城の発掘調査が進み、土器などから築城年代や城内での活動の様子が明らかとなってくると、鬼ノ城の遺物からみた創築年代が白村江の戦いの後の築城記事——六六五（天智四）〜六七年の天智紀六城と微妙にズレがあることがわかってきた。五百余点の出土遺物は飛鳥Ⅳ〜Ⅴ期（七世紀末〜八世紀初頭）のもので、大野城などの築城記事より明らかに新しい年代を示している。出土する土器は鬼ノ城が築城され使われていた期間の「ある時点」を示しており、創築年代を示すものではないとする意見も以前からよく聞く。また土器による年代観はあくまでも相対的なもので実年代を示さないということもわかる。しかし「坏」のような年代の変化をよく反映する器種から見た場合、鬼ノ城からは宝珠つまみを持った「坏G」は出土するが、古墳時代的な古い器形である「坏H」がこれまで出土したことはない。坏Gと坏Hは須恵器編年でいうTK二一七（飛鳥Ⅱ期を中心とする）の中で交替してその後は坏Gのみとなっていく。TK二一七期は、最新の須恵器の実年代観でいうと七世紀中葉から六七〇年頃で、鬼ノ城が最初に築城された年代はぎりぎり六六〇年代に入る可能性は残されているものの、出土遺物から見た創築期は飛鳥Ⅳ期（六八〇年以降）であり、少なくとも坏Hが出土しない鬼ノ城がTK二一七期を飛び越えて七世紀前半にまで遡る可能性はなくなったといえる（村上　二〇一〇）。

ここで問題となってくるのは二つあり、①白村江の敗戦を築城の契機とみてきたこれまでの研究では鬼ノ城の整備工事や活動期間が説明できないこと、②コの字形門礎石のある瀬戸内の神籠石系山城が鬼ノ城との密接な関係を持っていたとすれば、その築城時期や整備時期も鬼ノ城と同時期であるとみられること、である。

最近の調査で、他の山城からも年代を示す資料が増加してきている。御所ヶ谷城《ごしょがだに》―七世紀第4四半期の須恵器長頸壺と八世紀前半の土師器《はじき》（行橋市　二〇〇六）、鹿毛馬城《かけのうま》―八世紀初めの須恵器水瓶、永納山城―八世紀前半の畿内系土師器と七世紀末～八世紀初頭の須恵器坏蓋など、いずれもこれまでの年代観―七世紀前半とは大きく違っており、調査担当

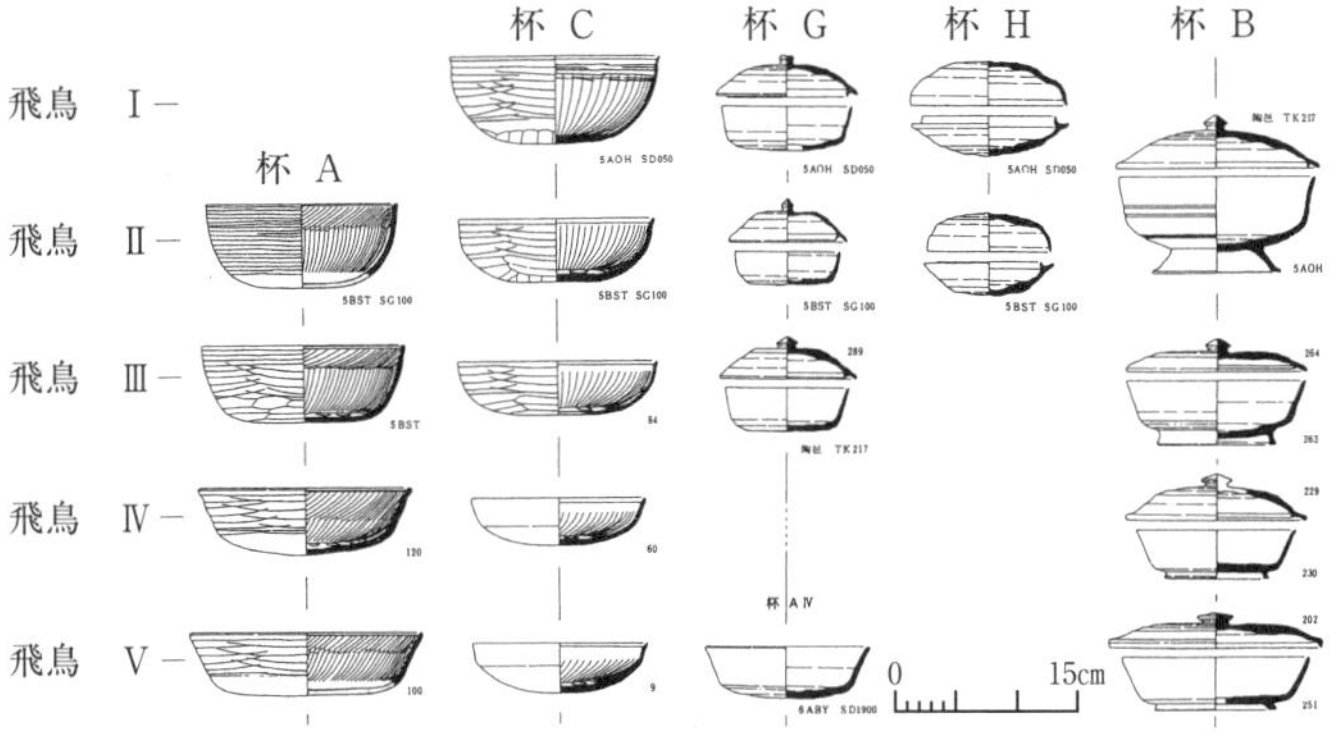

図28　七世紀（飛鳥Ⅰ～Ⅴ期）の須恵器編年（西編年）（図録『年代のものさし―陶邑の須恵器―』から）

者らを戸惑わせている。特に鹿毛馬城の水瓶《すいびょう》は列石前面の柱穴からの出土であり注目される成果だが、いまだ正式には未報告のままで、報告書の発刊が待たれる。北部九州の神籠石系山城からの出土遺物としては、鹿毛馬城や唐原山城の須恵器甕がいつも紹介されるが、これらは年代比定の難しい甕破片資料であり、また七世紀前半という従来の年代観に一致する資料ばかり紹介して、一致しない資料や矛盾する資料からは目をつむるという研究姿勢は古代山城研究の混乱を招いてしまいかねない。

　天智紀など文献記載の山城とともに、文献未記載の山城の築造場所も当初から決められていたと推定し、築城の取り掛かりに大きな時期差はなかったとする意見をいまだに聞く。鬼ノ城のように出土土器による年代が明らかになっても、築城契機について白村江敗戦に求めようとする見方は根強い。このような考えを見るたびに占地論や遺構論への理解と深化が必要だと痛感する。

大野城での列石確認

水害復旧工事に伴う発掘調査

二〇〇三年（平成十五）七月十九日未明、九州地方を集中豪雨が襲った。JR博多駅が水没するほどだったのでその凄まじさが想像されると思う。この時、大野《おおの》城の位置する四王寺《しおうじ》山系では時間雨量一〇〇ミリという記録的な豪雨となり、大野城の土塁線の各所（三〇ヶ所以上）が崩壊した。最も被害が大きかったのは大石垣で、谷間に設けられた大石塁が基礎部分の一部を残して全て押し流されてしまった。

水害の翌年――二〇〇四年度から五ヶ年計画で、大野城の史跡復旧工事と併行して事前の発掘調査が開始された。大野城の発掘調査は一九七三年（昭和四十八）までさかのぼるが、当時は史跡整備が目的であったため、城内に残る礎石建物群の調査が中心だった。神《こう》

図29　大野城 土塁基底部の列石

籠石《ごいし》系山城の発掘調査が主に外郭線を対象にしていたのに対して大野城では土塁構造の調査をほとんど行われず、部分的に崩壊した箇所などから版築《はんちく》土塁であることが知られていた程度だった。

今回は土塁の前面が崩壊したため、断面調査こそ行われなかったが、復旧工事をできるだけ古代の工法に近い形で進めるために、崩壊した部分の土塁の前面や基底部の状態が詳細に調べられた。

大野城でも列石と柱穴列を確認

実は一九九九年にも大野城の尾花地区の土塁が部分的に崩壊したことがあり、その時の調査で土塁基底部に列石があることがわかっていた。しかし列石が部分的なものなのか、外郭線全体に共通した工法なのかわからなかった。それが今回の調査で大野城外郭線の全域でほぼ共通した工法が取られており、列石も存在することが明らかとなった。また神籠石系山城では列石の前面に柱穴列があるが、大野城でも予想された通り柱穴列が検出された。

ただ大野城の場合、列石といっても神籠石系山城と比べると非常に小さなもので、石材も切石加工などされていない自然石や割石だった。神籠石系山城の柱穴列は柱の間隔が約三<ruby>ﾄﾙ</ruby>の事例が多いが、大野城の柱列は約一・二～一・八<ruby>ﾄﾙ</ruby>間隔で柱間がかなり短かった。このような列石と柱列は鞠智《きくち》城の西方丘陵の土塁調査でも大野城と相前後して見つかっていた。鞠智城の場合は城内側に立てられた柱列も見つかり、土塁の内外の柱列がお互いに柱間を揃えて並んでいることから版築工事を行う際に内外の柱をつないで土塁の型枠としたことが想像された。大野城では調査面積の関係から城内側の柱は見つかっていないが、土塁前面の版築土層の各所に横木痕と思われる穴が開いていることが確かめられている。これらの穴に棒を差し込むと三<ruby>ﾄﾙ</ruby>程度は軽く入っていくことから、この横木が内外の柱列をつなぐ役目を果たしていたと推測されている。

これまでの古代山城研究では大野城などいわゆる朝鮮式山城には列石はないとされてきた。また神籠石系山城に列石がある点こそ神籠石系山城の最大の特徴であり、朝鮮式山城との相違点だといわれてきた。しかし大野城や鞠智城で小さいながらも列石や柱穴列が存在することが確かめられたことは、「列石があるか、ないかによる分類」があまり意味をなさないことを教えてくれる。

また今回の土塁調査で版築土塁の前面に土塁をすっぽり覆う「外盛土」の存在がはっきりと確認された。外盛土は版築のように粘度の違う互層にはなっていないが、精製された土を使っており、化粧土という表現の方が当たっているかもしれない。本来、土塁が築造された当初は列石も柱もこの外盛土に覆い隠されて見えなかったと思われる。

こうして大野城の土塁構造について詳しいことがわかってくると、いくつかの点でこれまで疑問視されていたことが事実だったと理解できるようになってきた。まず列石が版築土塁中に「埋置」されてしまうことについて——石城山《いわきさん》城の調査以来、大廻《おおめぐり》小廻《こめぐり》山《やま》城、御所《ご しよ》ヶ谷《がだに》城などでも同様な状況が検出されていたが、なぜ埋置して外部から見えなくしてしまうのか疑問視されていた。また石城山城で検出されたという「外皮版築」がまさしく大野城の「外盛土」に当たることが推測できた。土塁中への埋置（非露出）と外盛土の機能については「雨水・霜害」対策だったと指摘されている。降水量の多い日本の風土で跳ね返りの雨水から土塁裾を守るというのは理解しやすいが、霜害とはどういうものだろう。鬼《き》ノ城《じよう》での復元土塁や志波《しわ》城の復元築地などでは冬季に土塁表層部の水分が凍結し霜柱状となる。このような状態になるのは土塁や築地の裾部分の五〇㌢《チセンチ》ほどで、土塁は基底部から徐々に抉られるように崩れていくという。一九六〇年代の発掘で列石上の土塁の存在がわかって以来、列石に関しては、これまで「土留め石」という機能しか想定してこなかったが、雨水・霜害から土塁本体を守るという本来の役割がわかってくると、北部九州の神籠石系山城のように土塁裾に露出させて外部から見えるようにしていることは「新たな機能（見せる）」の付加ということになるのだろう。

もう一つ重要なことが柱列の検出で判明した——それは大野城の土塁のめぐらせ方が「折れ構造（土塁は直線的で方向を変える時に一定角度＝折れで曲がっていく）」だったということである。日本の古代山城の外郭線のめぐらせ方には「折れ構造」と「曲線構造」の二通りがあり、その分布は瀬戸内が「折れ」であるのに対して九州では一部が「折れ」だが、「曲線」が主流だった。大野城に折れがあったということは瀬戸内の古代山城と技術的につながる面を持っているといえる。ちなみに阿志岐《あしき》山城も折れ構造で城壁線のめぐらせ方は瀬戸内的といえる。

城門跡の発見―門扉の軸受金具も初出土―

今回の災害復旧に伴う調査では新たに四ヶ所の城門が見つかり、合計八ヶ所の城門があったことがわかった（その後中嶋聡によりクロガネ岩門が発見され合計九ヶ所となった）。全長六・三キロという大野城の外郭線にこれまで四ヶ所しか城門がなかったことの方が少なすぎたのかもしれない。南方外郭の水城口から原口城門まで約三〇〇メートルおきに城門が設けられており、本来二〇ヶ所ほど城門があった可能性も出てきた。二・八キロの鬼ノ城が四ヶ所（七〇〇メートル間隔）、同じく二・八キロの御所ヶ谷城が七ヶ所（四〇〇メートル間隔）の城門を持っているので二〇ヶ所は多いとしても一五ヶ所程度は妥当な数字かもしれない。

また北石垣城門では石製の唐居敷に装着された状態で門扉の軸受金具（高さ二五・五センチ、一辺一〇・五センチ）が検出された。韓国では七遺跡一三例の出土事例があるが、日本では大野城が初の出土例となった。韓国ではこの金具のことを「確金《ファクセ》」と呼ぶ。普通にイメージする門扉の軸受けは軸摺穴《じくずりあな》に雌、軸側に雄がくると思われるだろうが、大野城や韓国の例では、軸穴側に雄、軸側に雌が装着され、ちょうど被さったキャップが回転するような格好になる。

大野城創建期の門礎石はいずれもよく似た形態をしているが、城域の南側四箇所（観世音寺口は門礎石が未確認）は軸摺穴が円形、北側の四ヶ所は方形で、工区によって関与し

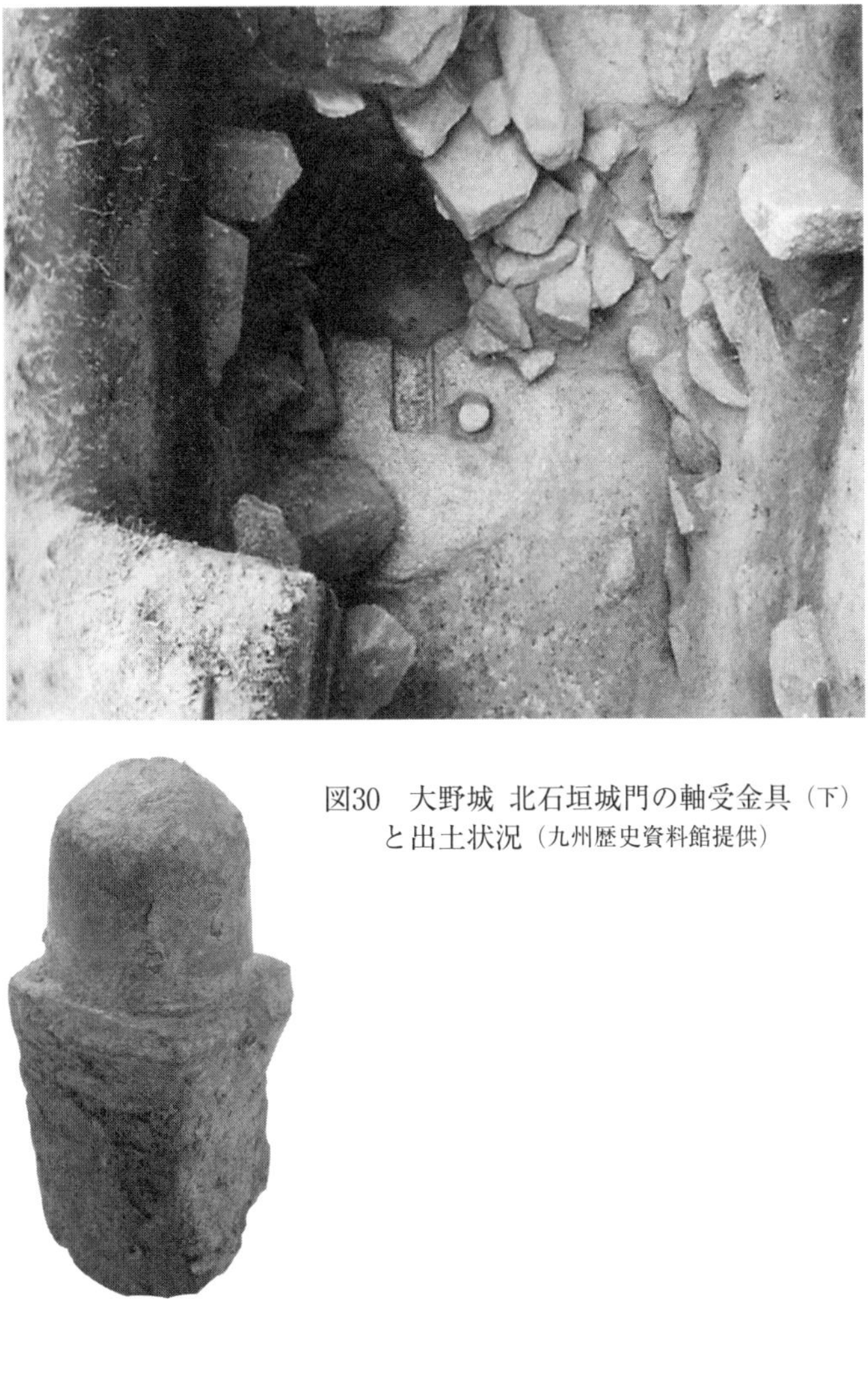

図30　大野城 北石垣城門の軸受金具（下）
と出土状況（九州歴史資料館提供）

た技術集団が違うことを窺わせるとともに、軸摺金具の型式も異なっていた可能性がある。

大水害による大野城調査は巨大な城の姿を垣間見せたが、まだまだその謎はつきないといえよう。

大倉庫群の謎

大野城の礎石建物群

大野《おおの》城や基肄《きい》城の建物跡は大半が総柱の礎石建物なので、兵粮《ひょうろう》や兵器を収めた倉庫群と考えられている。概説書などでは、大野《おおの》城で六〇棟、基肄《きい》城で四〇棟といわれる建物群が築城当初からあったかのように説明されている。長期の籠城《ろうじょう》に備えた倉庫群が何十棟も立ち並ぶ姿は古代山城のイメージとして固定化しているといえる。大野城ではこれまでの発掘調査の結果、建物プランや建物同士の配置から、建物群はいくつかのグループに分けられることが明らかになっている。最も多いのは三×五間のプランで三五棟、ついで三×四間のものが一一棟で、掘立柱《ほったてばしら》や側柱の建物は少数派だ。特に三×五間の建物は尾根や斜面を造成し方位を揃えて整然と建てられている。

図31　大野城 礎石建物

金田《かなた》城ではピングシ山や東南角でこれまで六棟の建物跡が確認されているが、掘立柱の側柱建物ばかりで倉庫のような総柱建物は一棟もない。一×四間、一×三間と非常に小規模である。この点は大野城や基肄城との大きな違いといえる（美津島町　二〇〇〇）。金田城は八世紀以降廃城になったとみられており、検出された建物群は七世紀代の遺構と考えられる。一方、鞠智《きくち》城でも七二棟の建物跡が検出されているが、こちらは掘立柱建物と礎石建物が相半ばする。鞠智城の建物群は第Ⅰ期〜Ⅴ期までの時期変遷が推定されており、掘立柱建物は第Ⅰ〜Ⅱ期（七世紀後半）、礎石建物はⅢ期以降、Ⅳ期

（八世紀後半～九世紀代）にその大半が建てられている（熊本県　二〇一二）。

基肄城はほとんど発掘されていないため、現状では礎石建物しかわかっていない。瓦から見ると大礎石群や大久保地区に最も古い建物があったらしいが、現在の礎石建物の前身建物として掘立柱建物があった可能性は高い。中心部の建物が良好な状態で発掘された鬼《き》ノ《の》城《じょう》は礎石建ての側柱建物二棟、倉庫と考えられる総柱建物六棟が軸線を揃えた計画的な配置をとっている。鬼ノ城では礎石建物の下層に掘立柱の遺構が見つかっていないため、当初から礎石建てで計画されたとみられる（岡山県　二〇一三）。

同じ場所で建替えが何度も行われているのが鞠智城の特徴であり、築城から廃城までの期間の短い金田城、鬼ノ城、高安《たかやす》城などでは建替えによる重複遺構はなく、創建期の単独遺構のみ残る。

礎石建物群の築造時期

それでは、大野城などの礎石建物群はいつ頃建てられたものなのだろうか。大野城でも建替えや遺構の重複は認められる。主城原地区では掘立柱建物から礎石建物への五段階の変遷過程が明らかになっている。横田義章によると、大野城の建物群の中で最終段階の建物である三×四間の建物は狭い場所に無理矢理造成して建設していることから、徐々に増築を重ねて建物数を増加させるといっても、同一場所で建て替えるのではなく新たな場所に新規に建物を増築していった状況を示しているという（横田　一九八三）。

古代山城の倉庫は、通常の郡衙倉庫が三〇平方メートルであるのと比べても大きく、特に大野・基肄城で採用されている三×五間の総柱礎石建物は六〇平方メートルとひときわ大きい。設計に使用された尺度は大野城では天平尺の二九・六センチよりも若干長く国分寺建設期の一尺（二九・九センチ）と合致する（鏡山　一九八〇）。鬼ノ城では前期難波宮《なにわのみや》使用尺の二九・二センチと合致する柱間が指摘されており、大野城倉庫の年代が八世紀代に下る可能性が尺度面からも窺える。

郡衙《ぐんが》の場合、倉庫建物が掘立柱から礎石建てへと変化するのは、全国的には八世紀後半（第4四半期以降）からで、規格性や使用尺度からみると、大野城の倉庫も八世紀後半代の可能性がある。八世紀初頭に、大宰府政庁や水城《みずき》の東西門、大野城の太宰府口城門などが掘立柱から礎石建てに建替えられたからといって、七世紀後半に造られた大野城や基肄城城内の掘立柱建物がいっせいに礎石建てに改築されたとはいえない。

鞠智城の軒丸瓦は瓦当部の接続技法に特異な技法を用いていることや平瓦が桶巻き作りばかりで一枚作りがないこと、縄目叩きが見られないことなどから、全て奈良時代以前—七世紀代の瓦と考えられている（熊本県　二〇一二）。これに対し、大野城で表採・出土した瓦の詳細な観察を行った齊部麻矢は、地区によって若干の相違はあるものの、大野城では八世紀後半~九世紀代にかけての瓦の割合が多く、増改築を繰り返しながら、修理・維持されていたと考えられるという（福岡県　二〇一〇）。基肄城でも表採されるのは縄目叩きの瓦が多く、少なくとも八世紀代までは建物群が維持メンテナンスされていたらしい。

いずれにしても大倉庫群が最初からあったわけではなく、築城当初は主城原地区の掘立柱建物のように少数の建物だけだったのだろう。基肄城は発掘調査された建物が少ないため明確ではないが、現在までの調査では重複遺構の検出はなく、大野城と似た状況と思われる。奈良時代を通じて大野城や基肄城の役割が大きく変貌していった様子が建物からも窺うことができる。

倉庫群の築造目的

いったい大野城などの倉庫にどのくらいの米が備蓄できるのだろうか。古代の倉庫に収める米には穀（籾）と穎稲《えいとう》（稲穂）の二種があるが、試みに穀で計算してみると、およそ三〇〇〇から五〇〇〇斛《こく》（石と同意）が貯蔵できる。一斛は成人男性が一年間に食べる米の量なので、倉庫一棟で五〇〇〇人分となる。古代山城に何人ぐらい籠城できるか、隋唐の高句麗戦の時のものだが、非戦闘員を含めて約一万人という記録がある。大野城の四六棟に穀が満杯だったと仮定して一万人が籠城したとすると、二〇年分の備蓄となる。二〇年分の米は有事籠城用の兵糧としてはあまりにも多い。

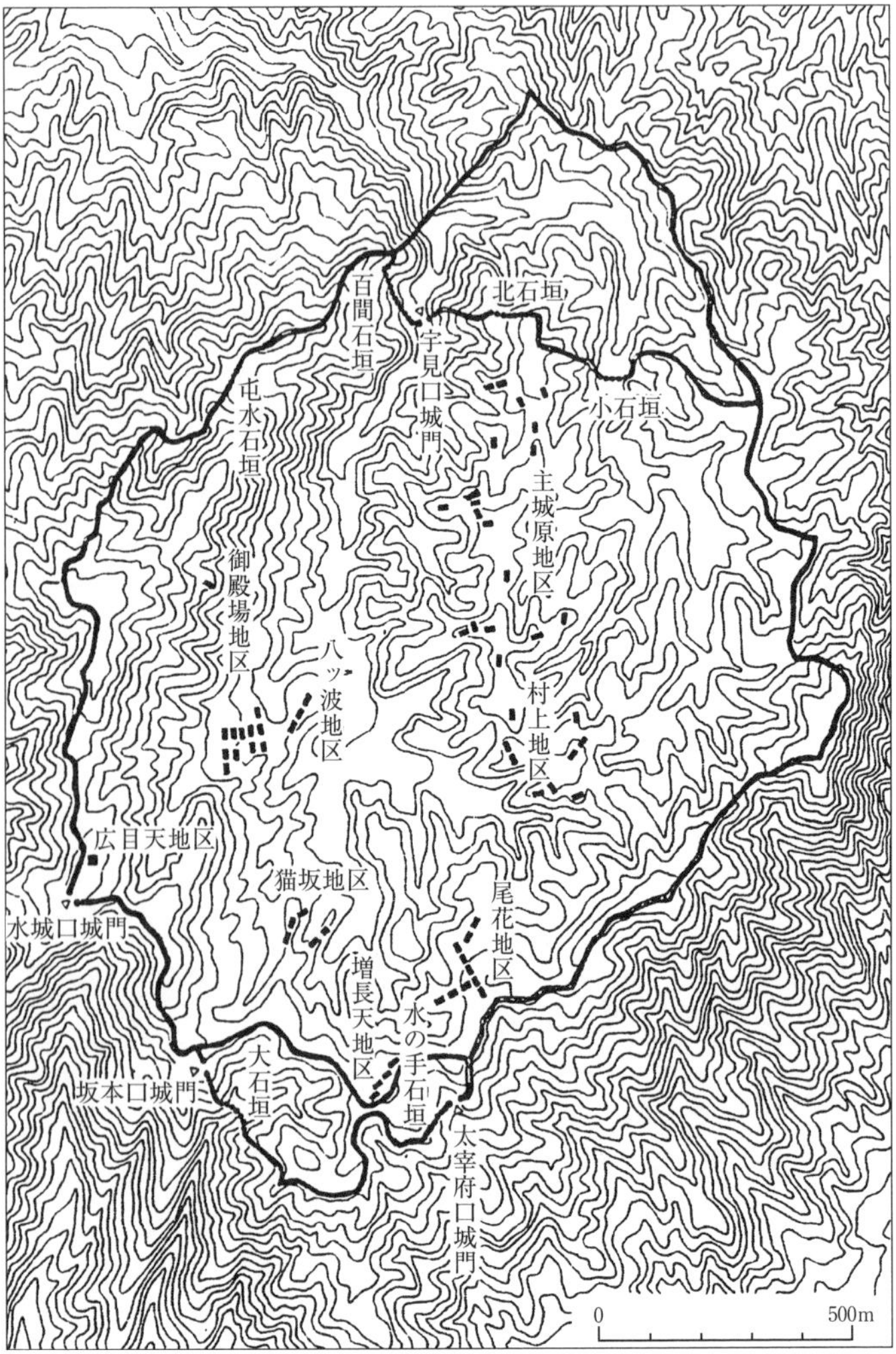
北石垣
百間石垣
宇見口城門
屯水石垣
小石垣
主城原地区
御殿場地区
八ッ波地区
村上地区
広目天地区
猫坂地区
尾花地区
水城口城門
増長天地区
水の手石垣
大石垣
坂本口城門
太宰府口城門
0
500m

図32　大　野　城

大宰府は独自の財政基盤がなく、管内諸国（西海道六国《さいかいどう》）の税収に支えられて運営されていた。ところが、八世紀後半頃から諸国からの税収が滞りがちになり、七五八年（天平宝字二）には、大宰府官人たちの給料の原資となる府官公廨《ふかんくがい》が筑・豊・肥の計六ヶ国に計一〇〇万束置かれている。

さらに弘仁末期、九州では飢饉と疫病が大流行してさらに税収が減少、八二三年（弘仁十四）、大宰府は公営田を設けて直接水田経営に乗り出し、そこから税収を得る体制に切り換えることを試みた。当初は公営田収入は各国の郡衙の倉庫に収められたが、諸国からの転送が遅滞するので大宰府の税庫に納めさせた。八七三年（貞観十五）には筑前国に府《ふ》儲田《ちょでん》二〇〇町と警固田《けいごでん》一〇〇町を置き、その地子《じし》を大宰府の雑事の一部に当てるようになる。

府官公廨、公営田、府儲田……大宰府の独自財源確保の努力は八世紀後半から九世紀にかけてつづけられたが、大野・基肄城の倉庫群も大宰府の独自財源の一部であったと考えられる。

大宰府政庁周辺官衙（不丁地区）出土木簡《もっかん》によると、基肄城の備蓄米を筑前・筑後・肥等の国々に賑給するよう大宰府が命じているので、備蓄米の多くは不動穀の形で保管されていたのだろう。大宰府の財政規模はおよそ一一万八〇〇〇斛なので五〇〇〇斛の倉庫で二四棟、大野、基肄二城の三×五間倉庫の総数は七〇棟あるので、約三ヶ年分の備蓄となる。増大する人件費や諸経費の欠負未納を充填するために、両城の備蓄米が活用されていたのではないだろうか。

管理棟と兵舎

大野城の場合、城内の管理施設は現在の四王寺集落（前田地区）周辺にあったと考えられている。大野城の建物は倉庫が中心と思われているが、かつて四王寺《しおうじ》集落の裏山からは文様塼《もんようせん》や「館《たち》」などの墨書土器も出土しており、瓦の出土量も多いとされる。表採資料だが、鉄滓《てつさい》・鞴《ふいご》の羽口《はぐち》などから城内中央付近に鍛冶《かじ》工房があったことも推定される。前田地区は後世の集落によって地形がかなり改変されてしまっているため、残念ながら建物遺構などは破壊されてしまっているらしい。基肄城では、大礎石群から七世紀後半代の単弁軒丸瓦と重弧文軒平瓦が発見されており、ここが城内の中心となる管理棟があった場所と目される。鬼ノ城では硯類の出土が多い。鞠智城でもわずかではあるが円面硯《えんめんけん》や転用硯、木簡が出土しており、鬼ノ城と同じように事務系官僚がいたことは間違いない。

兵舎に関しては、東北城柵の志波城で竪穴住居が外縁築地塀に沿って一〇〇〇棟以上も密集するケースが報告されている。大野城の前田地区で水田畦に竪穴住居の断面が露出していたとの報告もあるが、古代山城ではこのような竪穴住居の検出事例はこれまで報告されたことがない。住居的な建物がないということは内部に滞在・居住する人が少なかったということを示している。

見せる山城

おつぼ山城と駅路

佐賀県武雄《たけお》市のおつぼ山城は杵島《きしま》山地の西側に突出した低丘陵に占地している。東に杵島山地があるため有明海はまったく見えない。有明海沿岸の山城群が互いに望見できることを根拠に、これらの城を有明海側からの外敵の侵攻とそれを守る防衛網とみる研究者は多い。しかし、おつぼ山城の場合、古代山城を築くなら標高も高く有明海を見渡せる杵島山地があるにもかかわらず、なぜこの丘陵を選んだのか。このことは、昔から研究者たちを悩ませてきた。武雄盆地側に古代官道である駅路《えきろ》が通過していることを理由に挙げる説、『風土記』の記述などからおつぼ山の近くに杵島軍団があったとする説、おつぼ山の所在する潮見・橘町地区が弥生遺跡や玉島古墳など遺跡の多いことなど、これまでさまざまな説が議論されてきた。

従来、杵島駅から塩田《しおた》駅に抜ける駅路は、長崎街道が通るおつぼ山西麓を通過していたと考えられてきた。しかし十七世紀までの古い長崎街道はおつぼ山の東側、杵島山地との間の小峠を越えており、古代の駅路も同じルートを通っていた可能性が高い。さらにおつ

図33　おつぼ山城 周辺図

ぼ山の南側の橘地区には典型的な古代の直線道路の痕跡が地割に認められ、おつぼ山の北側にはこれも古代駅路を示すという「立石《たていし》」地名が残る。

実は、おつぼ山城の外郭線は東半分のみ土塁を築造しており、西半分は列石や第二水門などが部分的にあるものの、浦田堤付近の北西部分は大きな欠石区間となっていた。欠石の理由は近世の井堰工事などに転用されたと説明されているが、西側には土塁が造られた痕跡はない。古代駅路がおつぼ山のすぐ東麓を通過していたのならば、盆地側に土塁がなく杵島山地側のみ土塁が設けられているのも理解できる。

欠石区間の謎

北部九州の神籠石《こうごいし》系山城で外郭線の一部が造られていないことについては、防御施設として不完全であり城郭として理解できないとする意見がある。外郭線がない部分から攻め込まれると防ぎようがない。福岡県みやま市の女山《ぞやま》城は清水山から派生した支峰を基点にした扇形のプランをしているが、女山城の北東辺の推定外郭線にも列石がない。この部分には造成した痕跡もないことは発掘調査でも確かめられている。天嶮を利用して城壁を造らなかったのだと指摘する研究者もいる――確かに四国・高松市の屋嶋城のようなメサ地形の断崖を利用した山城ならそうだろう――しかし北部九州の神籠石系山城の欠石区間は断崖のような場所でもなく、もともと低い山地や丘陵上に占地しているため、攻城側は容易に接近、侵入できる。

図34　女山城 遠景

女山城の場合、列石は四ヶ所の水門のある西側の山麓部だけでなく、南東辺は南端から山頂まで続いている。地形的に南東辺と変わらない北東辺に列石がない理由は城郭としてみた場合説明できない。おつぼ山城と同じく女山城もすぐ西麓を駅路が通過している。この駅路に接して山門郡家の推定地（御二田《おにた》遺跡）があるのだが、ここから見ると女山城の山頂から下ってくる南東辺、そして北端の横尾谷（粥餅谷）水門までの山麓部の外郭線を全て見ることができる。

駅路からみた古代山城

阿志岐《あしき》山城の北側に、大宰府から米の山峠を越えて飯塚方面へ向かう駅路が通過しており、吉木には蘆城《あしき》駅の有力な推定地があることは先に述べた。女山城の事例とよく似てい

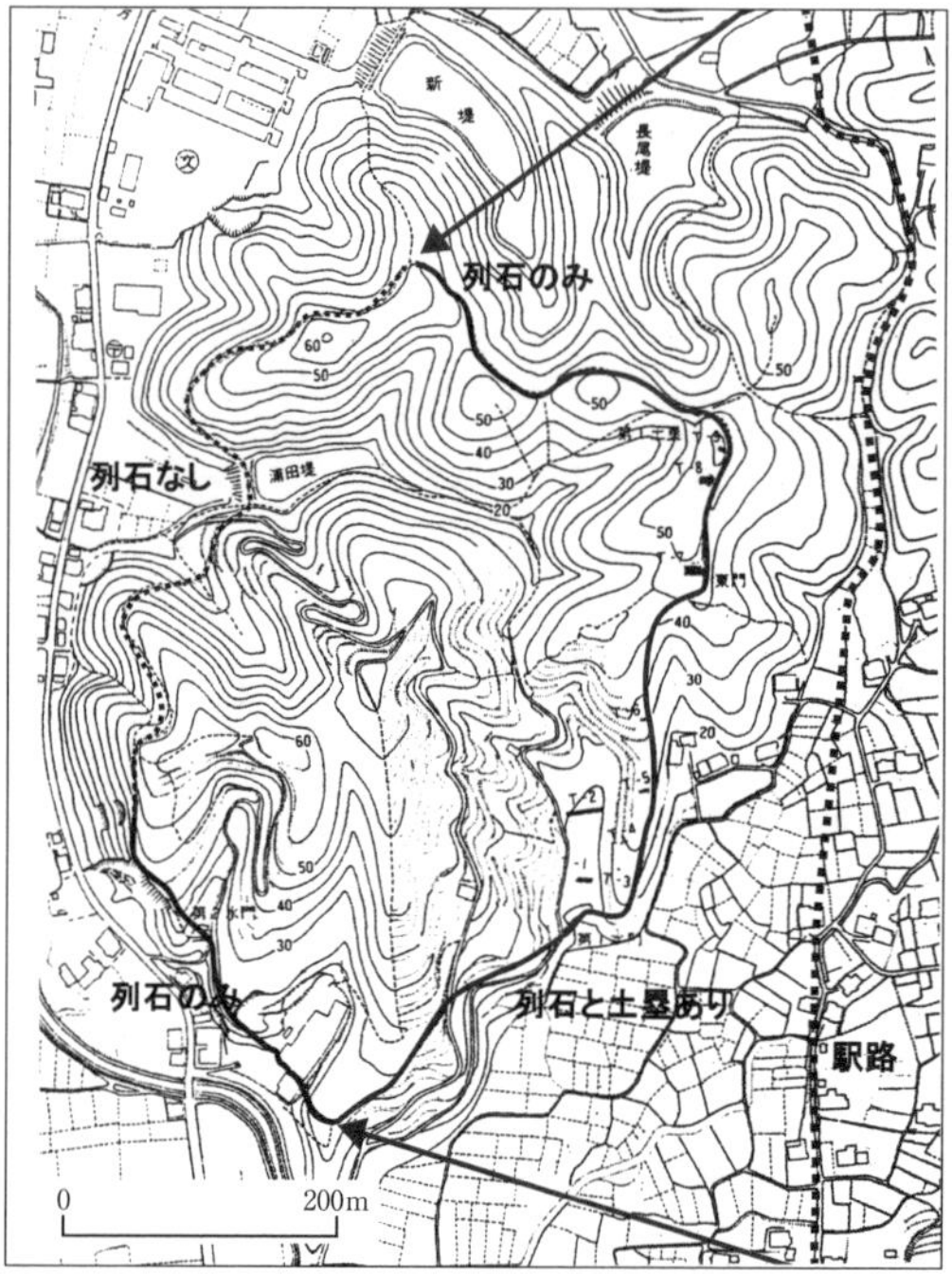

図35　おつぼ山城 平面図（実線：城壁あり，点線：城壁なし）

るが、ここから阿志岐山城を見ると、山麓側の中腹を巡る城壁ラインが西南端から東端の第三水門まで全て見える。この場所からはあたかも宮地岳の山頂を巡って城壁が一周しているかに見えるようになっている。

おつぼ山城の場合も東側を通過する駅路を南方の橘町から歩いてみると、駅路から見え

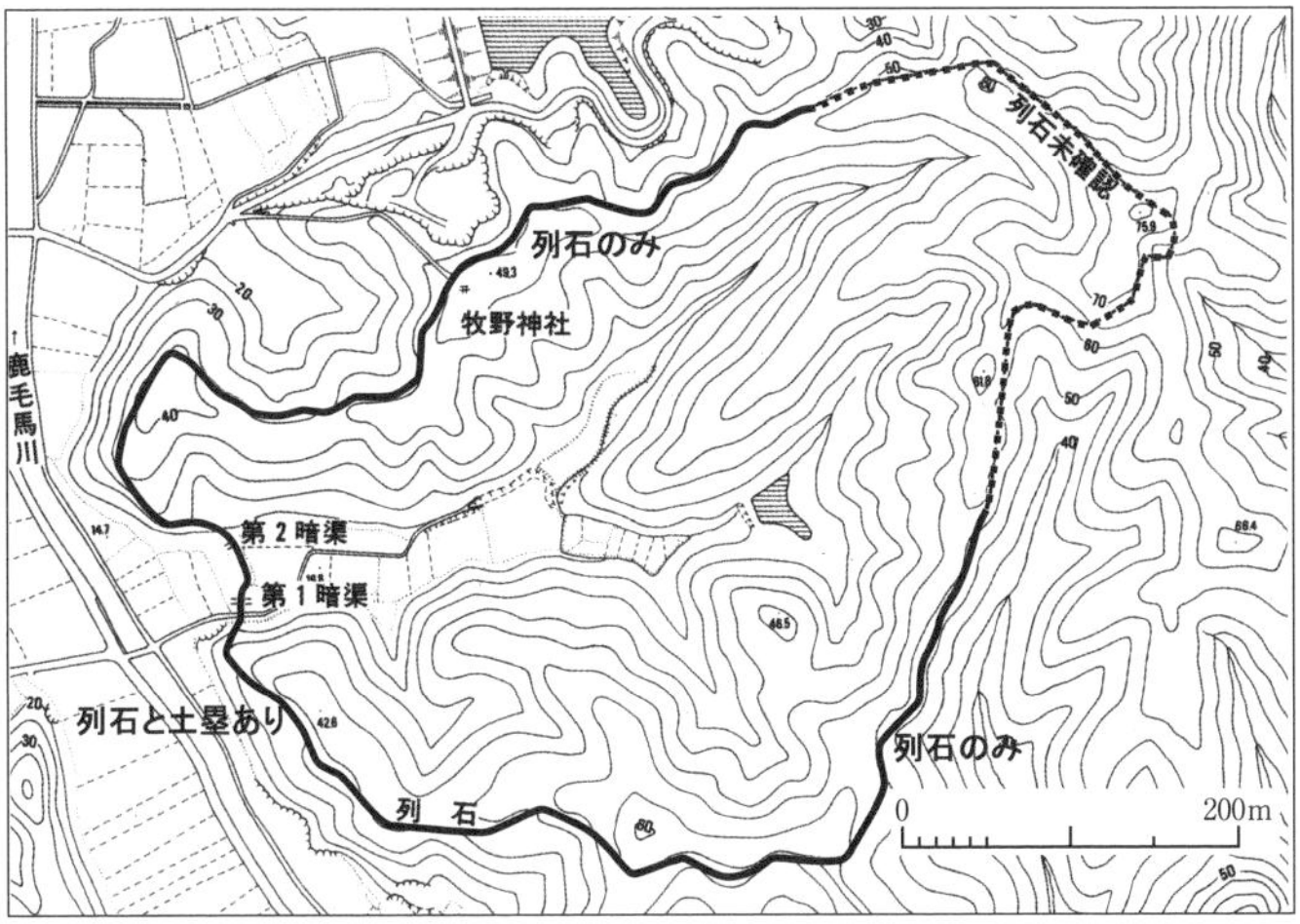

図36　鹿毛馬城 平面図（実線：城壁あり，点線：城壁なし）

る場所に限定して土塁と列石が造られていることが理解できる。杵島山地との間の峠を越えておつぼ山の北側に出ると、おつぼ山の北東隅の第一土塁が見えてくるが、この第一土塁の西端から西側には土塁はなく列石のみ並べられ、二つの鞍部を過ぎると列石すら設けられていない。駅路からの距離に応じて土塁と列石、列石のみ、列石なしと段階的に工事量を減じているとみられる。現在水田が広がる武雄盆地からは想像もできないが、十七世紀初めまで盆地中央を流れる潮見川の流域は三方潟と呼ばれる沼と湿地の荒地だった。これは条里地割の分布からも裏付けが取れている。したがって、おつぼ山城を盆地側から見る者はいなかったといえる。

福岡県飯塚市の鹿毛馬城は西側に開く谷の入口に大規模な土塁式の水門が設けられており、この水門から左右各々二〇〇《メートル》進んだ地点で土塁が中断している。土塁の途絶える箇所は直線的で、列石を据える前にL字状に斜面を削土している部分がそのまま残っている。そこからは列石だけとなり、最も背後の支尾根の頂部では列石すらない。鹿毛馬城もおつぼ山城と同様、西を通過する交通路（古い段階の豊前路と推定）からの視角を意識した構築状態と理解できる。このような山麓の駅路や官衙のような施設からの視角を利用した城郭を、戦闘・籠城用の山城に対して「見せる山城」と呼びたい。

図37　唐原山城 列石

土塁すらない城

杷木《はき》城（福岡県朝倉市）、唐原《とうばる》山城（福岡県上毛町）では、列石上の土塁がほとんど造られていない。特に唐原山城は列石が並べられただけで工事が終了している。このような事例もこれまでは未完成説で説明されてきた。確かに山中に列石だけが並んだ状態は、城郭の姿からはかけ離れているし、何らかの理由で列石の上に土塁が築かれる前に工事が中止となったのだろうと想像させる。しかし他の山城が交通路からの視角を意識して工事を計画し、合目的的に施工しているのなら、この両城も意識的に土塁を築かなかったと考えるべきだろう――もはや列石を運ばせることが築城工事の目的となっていて、見せる城という意味すら喪失しているといえるかもしれない。

見せる城の目的

「見せる城」というと、何か実戦には役に立たたないイメージ、張り子の虎とか虚仮威し的な、価値の低い城郭のように捉える向きもあると思う。確かに実戦用の城でないことは事実だと思うが、実際に干戈《かんか》を交えることだけが戦争ではない。

北部九州の神籠石《こうごいし》系山城が築かれたと考えられる七世紀末頃（天武・持統朝）は統一新羅との間に使節の往来がさかんな時期でもあり、整備されつつあった慶州王京が藤原京造営に影響を与えたとする見方もある。日本の国家形成史の中でこの時期は唐との外交が断絶状態にあり、新羅との間は唯一の友好国であると共に一種の競合関係にもあった。三国を統一した新羅は九州五小京制を敷き、都城や各地の州治・小京に付属する山城の整備も大規模に行っている。遣新羅使の彼地での見聞が官衙《かんが》や駅路に隣接する山城の築城のヒントになった可能性は高い。また六七六年以降、羅唐戦争が休戦状態となったことによって、徐々に新羅との関係が友好から敵対へと変化していく過程で一つの抑止力的な城郭として見せる城が築かれたと理解することもできるだろう。またこの時期は南九州で隼人《はやと》の反乱が相次いでおり、反乱鎮圧後は朝貢する隼人に対して律令国家・大宰府の武威を示すには見せる城でも十分な効果があったと思われる。

北部九州の神籠石系山城が大きな列石を運び並べるという点に重点を置いていたとすれば、工事そのものが地域支配を確立する上でのデモンストレーションであり、かつ庚寅年《こういんねん》籍《じゃく》などの戸籍作成による人民支配にも大規模工事への動員は有効な手段であったことは想像に難くない。

最近、近世城郭や城下町にヴィスタや視軸といった建造物に対する視角とそのグランドデザインに着目した研究がさかんに行われている。近世城郭と古代山城という一見時代も異なる構築物だが、全国的な統一政権の構築物として時代を超えた共通性を感じる。古代山城の一部には駅路や官衙と一体となった「政治的な城郭」があり、日本の古代国家形成の中で重要な役割を持っていたと考えられる。

韓国における城郭調査の進展

百済式山城という幻影

朝鮮半島の山城では、占地・縄張り形態からみた「包谷式」と「テメ式（韓国語で山頂式・鉢巻式の意味）」の分類が広く使われているが、両者の中間的な山城も多く実際に分類するとなると単純には分けられない。また包谷式でも大規模なものを「連峰式」と呼ぶこともある。

日本の古代山城《さんじょう》は、百済《くだら》から亡命貴族らが築城を指導したことから「百済式山城」だとよくいわれる。しかし百済地域の山城も含めて朝鮮半島南部の山城は周囲一キロ未満のテメ式山城が大半を占め、各地の拠点となる山城でも一キロ内外のものが多い。それに対して日本の山城の規模や形態は、最小の播磨城山城でも一・六キロで、だいたい二〜三キロまでのものが多い。型式的には大型の包谷式ばかりでテメ式はない。鬼《き》ノ城《じょう》や石城《いわき》山城のような城を鉢巻式と呼ぶのは朝鮮半島の分類を誤解しており、大野城《おおの》を包谷式でなく鉢巻式と書いている文章を読むと理解に苦しむ。大野城は包谷式の中でも大規模な連峰式であり、高句麗《こうくり》地域の山城にはこのような城もあるが同時代の百済、新羅《しらぎ》地域ではこのような巨大山城はほとんどない。

韓国の山城は三国が統一された統一新羅時代にそれまでより比較的大きな山城が造られるようになり、その後高麗時代に軍事用の山岳城郭と古邑城《こゆうじょう》と呼ばれる郡治など行政拠点の城に分かれていく。日本の山城は時期的にも形態的にも統一新羅時代の城に近いが、それでも日本の城の方が大きく、かつ規模が揃っている――これは何らかの「基準」があって――それに合わせて平面プランを設計しているからだと思われる。また北部九州の山城は外郭線最低点（谷間の水門部分）が平地まで下って非常に低い位置にあるのが特徴で、このような特殊なプランは朝鮮半島の同時代の山城には見られない。

百済人が指導したから百済式だというのはあまりにも文献に引っ張られた解釈であり、そもそもどのような特徴をもって百済式というのか――それほど「百済山城」の実態はまだよくわかっていない。朝鮮半島の城郭史の流れの中で日本の古代山城を位置付けていく見方こそ、今必要とされている。

韓国古代城郭の調査

韓国ではこの二十年ほど、城郭の調査が目覚ましく進展してきたが、地表調査や発掘調査を行ってみると、大半の城が新羅の山城であることがわかってきた。新羅は六世紀代に伽耶《かや》諸国を併呑、北は尚州《サンジュ》から忠州《チュンジュ》と清州《チョンジュ》地域に進出して、五五六年には念願の漢江《ハンガン》流域（現在のソウル地域）を押さえる。新羅は新たに進出した地域に拠点となる山城を築き、支配拠点とすると共に、次なる進出拠点としても活用した。

新羅山城の研究によれば、外郭線は石築城壁が多く、城壁基底部に「基壇補築《きだんほちく》」と呼ばれる三角形状の外壁補強を設けるのを特徴とする。また城門入口には階段などなく地面から一・五〜三メートル近い高さの垂直の壁となっている場合が多い——これは「懸門《けんもん》」と呼ばれ、新羅山城の特徴とされてきたが、懸門構造は高句麗地域に淵源を持ち、百済地域にも事例があることが最近わかってきた。いずれにしても防御するのに優れた戦闘的な城門構造で平時には木製の階段や梯子を使って出入りしていたと考えられている。懸門は日本の山城にはないと思われていたが、二〇〇三年（平成十五）に屋嶋城の城門で初めて確認され、鬼《き》ノ城《じょう》や大野城でも懸門構造だったと推定される遺構が見つかっている。

五世紀後半の高句麗南進拠点の発見

最近の注目すべき調査成果として、五世紀後半頃、漢城《かんじよう》期の百済（四七五年滅亡）を滅ぼした高句麗の南進拠点が見つかりはじめたことである。ソウルの漢城期百済の中心である風納《プンナプ》土城を見下ろす漢江北岸の峨嵯山の稜線上に並ぶ峨嵯《アチャ》山堡塁群（二〇ヶ所）、滅ぼされた百済が第二の都とした熊津《ゆうしん》（公州）の東方三〇キロに迫った忠北清原郡の南城谷《ナムソンゴル》遺跡などが続々と見つかっている。現在最も南下した拠点は忠南大田の月坪洞《ウォルピョンドン》遺跡といわれている。

高句麗の南進拠点というと大規模な石築の山城を想像してしまうが、これらの遺跡はそのような常識を覆すものだった。峨嵯山堡塁群は一つの堡塁が径五〇メートル（九宣洞堡塁）ぐらいのものから、最大のものでも周囲二一〇メートル（峨嵯山第4堡塁）。しかし規模こそ小さいが横矢掛かりとなる「雉城《ちじよう》」を何ヶ所も設けるなど戦闘的な施設であることが窺える。また南城谷遺跡や月坪洞遺跡は、プランは包谷式をとっているが、城壁は土塁でも石塁でもなく木柵の城。ただし、ただの木の柵や板塀ではなく「木柵塗泥城」と呼ばれる二重の木柵に塗り壁的なものを付加した特殊な城壁構造だったと推定されている。

実は四〜五世紀代の城については、新羅、百済ともによくわかっていない。漢城期の百済の城は風納土城や夢村《ムソン》土城といった前代の楽浪郡治の系譜を引く平地に土築城壁をめぐらせる城だったし、新羅も王宮は平地にあって、南山の北麓に都堂山土城など小型の丘城を設けていたらしい（有名な月城も五世紀後半の築造）。最近、韓国の京畿道《けいきどう》地域で、曾《ソ》坪《ピョン》・杻城《チュソン》山城（二城山城）や華城《ファソン》・吉城里《キルソンニ》土城など、漢城百済期の山城が確認され注目されている。杻城山城は四〜五世紀の百済の山城で標高二五九メートルの山地に北城（周囲四二九メートル）と南城（周囲一・四キロ）の二つの城が築かれているのが特徴で、百済初期の土築技術で築かれている。吉城里土城は三〜四世紀に築かれた土城で、丘陵上に立地し周囲二・三キロの包谷式のプランを取り、百済漢城期の盛土技法と木柵列が確認されている。朝鮮半島の南部で本格的な石築の山城が登場するのは意外と新しい時代のことらしい。

七世紀の百済山城の実態

先に「百済山城の実態はまだよくわかっていない」と書いたが、それは朝鮮半島の山城が三国時代から朝鮮王朝（李氏朝鮮）時代まで長い間――継続的あるいは断続的に――同じ城が利用されてきたからで、現在見ることのできる城郭の遺構がいつの時代に造られたものなのか、はっきりとわからないことによる。その点――日本の古代山城は、少ない遺物の出土量からみても、また修築工事の痕跡などが見られない遺構の状況から見ても、比較的短期間に築造され廃城となり、その後使用されなかったので、ほぼ築造された時の状態を留めていると考えてよく――化石的な遺跡といってよいかもしれない。

最近韓国の忠南錦山《ちゅうなんクムサン》郡で百済泗沘《くだらしひ》（扶余《プヨ》）後期の遺物しか出土しない山城跡が見つか

り、注目されている。なぜ注目されるかというと、一時期の遺物しか出土しないということは、現在残っている遺構――石塁や城門など――がその一時期の遺構の状態を示していると考えられるからだ。その遺構の特徴を、他の時期が不明な山城と比較することで百済の泗比時代後期（七世紀前半頃）の城郭を見分けることが可能となってくる。

その山城の名前は栢嶺《ペクニヤン》山城といい、当時の百済と新羅の国境線地帯に築かれた山城の一つである。百済滅亡時のエピソードに出てくる東方の要衝として「炭峴《たんけん》」の候補地もこの山城の近くである。栢嶺山城は周囲二〇七㍍の小規模な山頂式山城だが、北側の稜線沿いからの侵入に対しては雉城が設けられ、二ヶ所ある城門は懸門式で、城門が途中でクランクする――日本の中世山城でいう内枡形となっており、非常に堅固な造りとなっている。城内中央には木槨庫という倉庫ないし貯水用とみられる遺構も見つかっている。

注目すべきは、城門の平面プランで、城門左右の石垣が門の袖部分で角張らず円弧状にカーブしている。実はこの様式の城門は、百済の最後の都となった泗沘の南方――林川《インチヨン》の聖興《ソンフン》山城と論山《ノンサン》の魯城《ノソン》山城の城門にあった。両城は城門の型式だけでなく、石塁が切石積みである点、懸門である点なども共通しており、部分的に見ると見分けがつかないほど似ている。両城が何らかの関係を持っていることは窺えたが、城の年代はわかっていなかった。

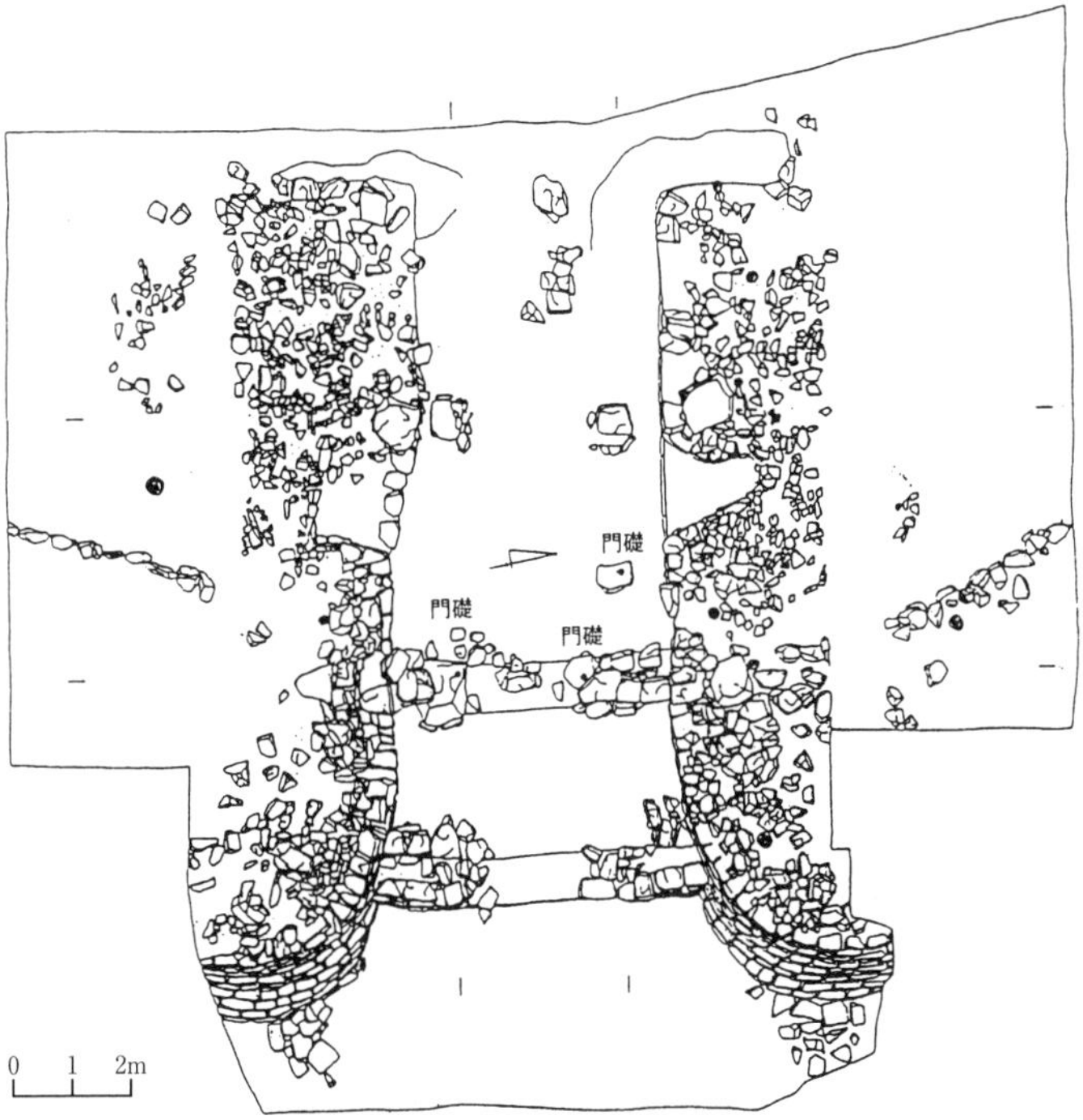

図38　聖興山城 東門平面図（『聖興山城』報告書から）

聖興山城では史跡整備のため、数年前に東門の発掘調査が行われた。この時城門の石塁直下から百済泗沘時代の土器が出土したため、現在見る遺構が百済泗沘後期の築造ではないかと報告されていたのだが、泗沘後期のプレーンな遺構を残す栢嶺山城の発見によってそれが裏付けられることとなった。聖興山城―魯城山城―栢嶺山城は百済が泗沘に都を置いた泗沘時代の後半―七世紀前半に築かれた兄弟城ともいえ、今後扶余周辺の城郭調査の一つの指標とすることができるだろう。

聖興山城の新城と古城

聖興山城は、城名がわからないことが多い韓国の城の中では珍しく、百済滅亡後の復興軍抵抗や羅唐戦争時にも登場する「加林城《かりん》」に比定されている。加林城は、百済が五三八年、熊津《ゆうしん》（公州）から泗沘（扶余）へ遷都する少し前、五〇一年に築かれたと記録が残る。現在城址を訪れると栢嶺山城との関係で紹介した大型の石築山城（周囲一・二キロ）が見られるが、この石築城の東南側に接してもう一つの城があることはあまり知られていない。ちょうど石築城の南門から東門の城壁を共有するかのように東側の緩やかな谷を利用して小規模な包谷式山城が造られているのだ。南門から東門の稜線部分では東側の城の城壁の上に西側の石築城の城壁が乗っており、東側の城が最初に築かれ、その後西側の石築城が場所を少し移動させて造られたと考えられている。

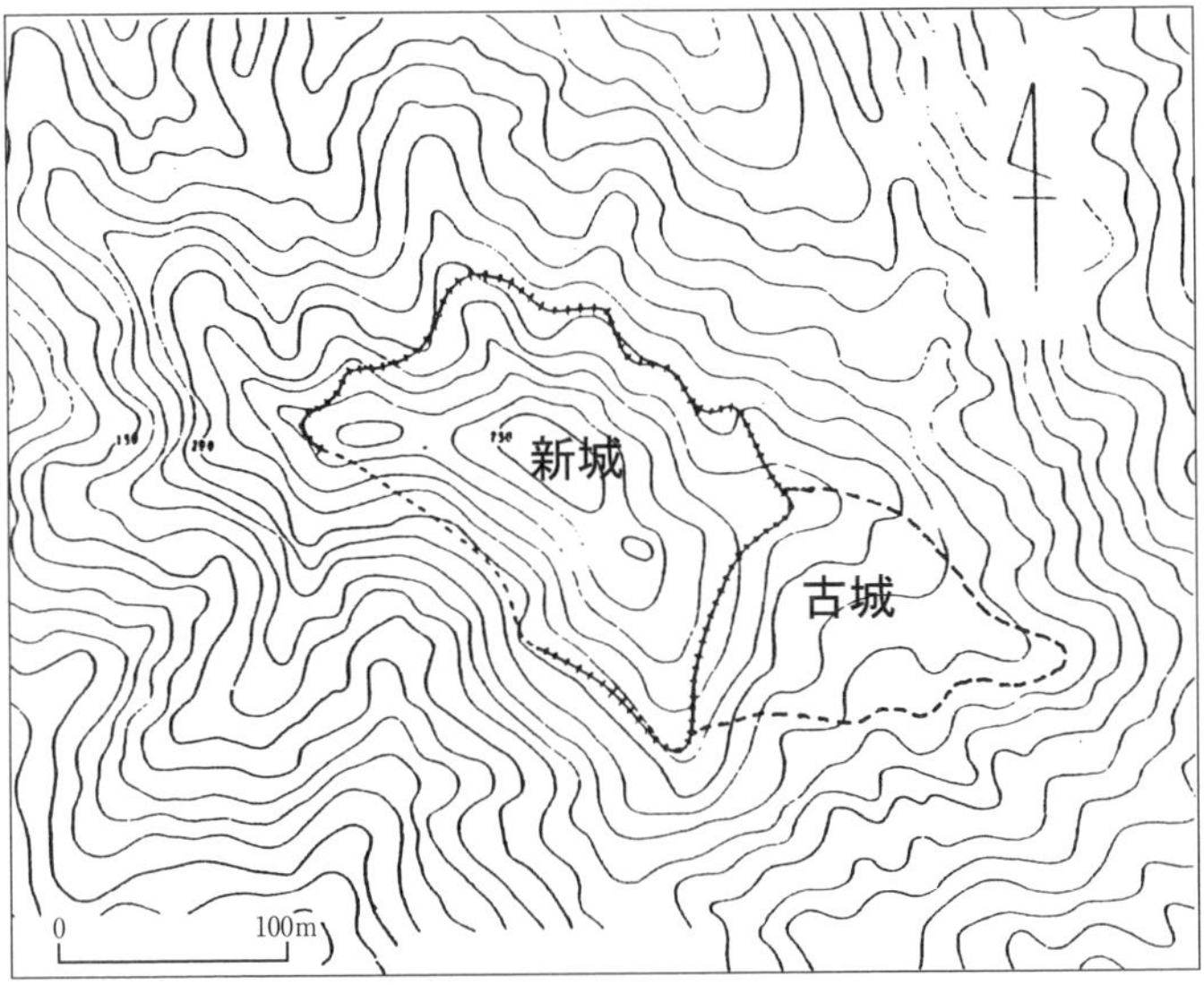

図39　聖興山城 新城と古城の位置関係

東側の城は一見土築の城のように見えるが、部分的に石積みが確認できる箇所があり、その部分の観察によると、城壁の幅は六・五〜七《メートル》、高さは一・八〜二《メートル》で、城壁の下半部に高さ八〇《センチ》ほどの自然石を使った野面積みがある。上半部が石築なのか土築なのかは現状では判断できない。東側の城の規模は西側の城より少し小さく周囲八五〇《メートル》ぐらいで、南辺には城門らしき城壁の開口部もある。

　西側の石築の城が「新城」、東側の城が「古城」ということになり、新城が泗沘後期頃の城だとすると、五〇一年に築かれた加林城は古城に当たることになる。韓国ではこのように同じ場所に少し場所を変えて新しい城が築かれている例が他にもあるが、聖興山城のようにその築城年代を具体的に追うことができる事例はほとんどない。

五〇一年というと六世紀初頭――熊津に屛居していた百済が泗沘に遷都して新たな展開を始める頃に当たる。扶余周辺にいくつも山城が残っているが、やはりいつ頃の遺構なのか表面調査では不明な点が多い。古城の遺構は泗沘遷都期の百済山城がどのような城だったのか示しており、百済山城の実態や変遷過程、新羅の城との比較などさまざまな課題に応えることができる可能性を持っている。しかし残念ながら古城の発掘調査は行われておらず、先に紹介した踏査による情報以上の詳しいことはわかっていない。

伽耶の城郭

半島南部―洛東江《ナクトンガン》の流域に、百済と新羅とは別に伽耶《かや》諸国と呼ばれる地域があった。この諸国の王墓と推定される古墳群の背後にも古代山城があり、これまでは伽耶諸国の山城と考えられてきた。しかし韓国における城郭調査が進展してくると、これら伽耶地域の山城も実は新羅が伽耶地域に進出、併呑していく過程で、占領地域を支配する拠点として築城されたものだったことが明らかになってきた。

たとえば、慶南《けいなん》咸安《ハマン》の城山《ソンサン》山城などは当初は安羅《あら》国の王宮とそれを守る城だと思われていたが、一九九一年からの発掘調査の結果、大量の木簡が出土し、六世紀代に新羅がこの地域に進出した時、支配拠点として築いた城とわかった好例である。城山山城では新羅の城壁工法である基壇補築も見つかっている。また二〇〇四年から調査された巨済島《コジェ》の屯《トウン》徳《ドク》岐《キ》城（廃《ペ》王《ワン》城）は七世紀に築城された新羅の山城で、巨済島では最古の城郭であることがわかった。巨済島は『魏志』韓伝に「倭と界を接す」と記された弁辰《べんしん》の瀆盧《とくろ》国の有力な比定地だが、瀆盧国が新羅に併合された後、巨済郡という名前に変更されたとされ、屯徳岐城もその頃築かれたと考えられている。

それでは伽耶諸国は山城を築かなかったのか――この疑問には簡単に答えることはできないが、いくつか伽耶の城郭を考えるヒントとなる遺跡も見つかっている。『魏志《ぎし》』倭人《わじん》伝《でん》にも登場する狗耶韓国《くやかんこく》（弁辰狗耶国）――三国期には金官伽羅国《きんかんからこく》と呼ばれる有力な国だが、この金官国の王宮があったとみられる遺跡が二〇〇三年、金海《キメ》の市街地で発掘調査された。その遺跡が鳳凰《ボンファン》土城で、鳳凰台と呼ばれる低丘陵（標高四五メートル）の周囲二キロに幅約二〇メートルの土塁がめぐらされていることがわかった。またこれも伽耶の有力国である多羅《たら》国の王墓のある陜川《ハプチョン》でも、玉田古墳群の南に接する城山里《ソンサンニ》土城が二〇〇九年に発掘され、黄江に面した標高五三メートルの丘陵上に築かれた伽耶時代の土築の城がその後、新羅によって石築に改築されたと推定されている。

このような低丘陵上の土築の城が、伽耶時代の城の姿であることがようやくわかってきている状況で、山城については、周囲二〇〇〜四〇〇《メートル》の非常に小規模な山頂式山城が伽耶時代にも築かれていたらしいが、百済や新羅の山城とはプランや城壁構造が異なっている。二〇〇八年、金海の良洞《ヤンドン》山城が発掘調査され、三角形の水口（石塁の排水口）の独特な形態から伽耶の山城ではないかと報道された。しかし発掘された城門は袖部が円弧状となる百済型である点、城壁基底部には新羅山城の特徴である基壇補築があるなど――伽耶の山城とは断定できない。二〇一二年には大伽耶国《だいかやこく》の王都である高霊《コリヨン》の主山《チユサン》城の発掘調査が開始され、城壁基底部に基壇補築のあることがわかった。この城壁が大伽耶時代の遺構なのか新羅時代に修築されたものかは意見がわかれているが、発掘調査では城壁の内部からもう一つ小規模な城壁が発見されており、こちらが大伽耶が築いた城壁であった可能性が高い。伽耶地域は百済と新羅の係争地域でもあり、城郭もさまざまな影響を受けていることが予想される。

列石が出現するのは統一新羅以降

一九八三年、独立記念館の建設時に調査された木川《モクチヨン》土城（忠南天安）で基底部に列石を持つ版築土塁が見つかった。日本では神籠石《こうごいし》系山城の列石のルーツとして、この木川土城がいまだによく紹介される。そして木川土城が百済地域に含まれることから、列石（韓国では基壇石という）は百済山城の特徴であり、それが日本へ伝わり神籠石系山城が造られたという。しかし、こ

図40　神衿城 土塁（『神衿城』報告書から）

れは調査時点からわかっていたことなのだが、木川土城からは百済の遺物はまったく出ておらず、出土したのは統一新羅から高麗時代の土器や瓦片ばかりだった。その後、各地で木川土城と類似した列石を持つ城郭の調査事例が増加し、現在では韓国における列石の出現は早くても三国末、一般化するのは統一新羅以降とみられている。

　神衿《シングム》城（忠南洪城郡）、蛇山《ササン》城（忠南天安）、扶蘇《フソ》山城（忠南扶余）、華山里《ファサンニ》城（慶南蔚山）、堂甘洞《ダンガムドン》城（釜山）などで列石が検出されているが、中でも木川土城によく似ているのは神衿城で九世紀代の築城とされている。列石の配列の方法からも新旧が想定されていて、蛇山城のように傾斜地でも一定の勾配で直線状に配石されるものが古く、木川土城のように階段式に傾斜地を登っていくタイプは新しいと考えられている。また韓国では土塁に伴う柱列も検出されているが、石列間に立てられ土塁に半ばめり込んだ状態で設けられている。柱間間隔については、三国時代には一・二～一・八メートルと短かったものが、統一新羅時代以降に三メートル以上となり、高麗時代には三・五～四メートルと次第に長くなっていくこともわかっている。

日本への山城導入期に、列石を使用する工法も入ってきていることは間違いなさそうだが、朝鮮半島でもまだ普及していない状況で、自然石・割石使用の段階であり、切石の大きな列石が古い段階に日本で先に登場するとは考え難い。神籠石系山城の中でも北部九州の切石列石を持つグループを古く考える説は韓国における城郭調査の成果とも矛盾している。

古代山城研究はどこへ向かうのか

阿志岐山城発見に対する研究者らの反応

新しい遺跡や遺構が見つかっても古代山城《さんじょう》論に目立った変化は見られなかった。特に阿志岐《あしき》山城はその列石や石塁の構造が他の九州の神籠石系の山城と相違点が大きく、想定外郭線の三分の二が欠石区間であるなどこれまでの山城論では理解できない構造を持っていた。その位置は大《だ》宰府《ざいふ》・大野城《おおのじょう》に隣接し、大宰府羅城《らじょう》と呼ばれる一連の防衛網を補完する位置にあり、朝倉宮＝神籠石《こうごいし》系、大宰府＝朝鮮式という図式とも矛盾していた。

そのため、筑紫野市は遺跡の評価が定まるまで「宮地岳《みやじだけ》古代山城跡」という仮称を付けていた。ところが、先行説研究者の中には「宮地岳神籠石」と表記し、「大宰府にこれほど近い所に典型的な神籠石が隠されていた」と叙述している者もおり、現地を見たことがない読者には神籠石《こうごいし》の類例が一つ増えたに過ぎないと思わせたことだろう。大宰府が現在地へ建設されたのは白村江《はくすきのえ》戦後と考えられているため、阿志岐山城には言及しない先行説の研究者も多かった。

韓国と中国の城郭調査の進展

今後の山城研究に大きく影響を与えそうなのは、韓国における城郭調査の進展である。一九八〇年代段階では韓国の城郭調査の報告書の数は一〇点にも満たなかったが、近年では毎年の調査内容の全貌を把握することすらできないほどである。今では韓国城郭史を考古学の成果に基づいて素描できる段階に至りつつあることは日本ではあまり知られていない。日本語で読める韓国城郭を概説した文献としては、八〇年代に出た佐藤興治論文、また九〇年代では東潮・田中俊明の共著や高正龍論文、亀田修一論文などしかなく、韓国語文献を読めず現地へ訪れることもない日本人の調査担当者には最新の成果を知る機会も少ない。

韓国での城郭調査が進んでいない八〇年代に日本における山城研究の枠組みが作られたことも、彼我の編年観や城郭観に差異を生じさせている。新たな調査成果に対して辻褄合わせを繰り返すことは、独り日本列島内での研究ならば、矛盾を孕みながらも続けることはできるだろうが、日韓の比較、そして今はまだ地表調査の段階にある中国東北部の城郭調査の今後の進展を考えると、日本の古代山城研究の将来は心許ない。

編年観の相違

斉明朝築城説を支持し六六〇年（斉明六）頃の築造年代を想定する先行説論者の間でも、神籠石系山城の編年観――九州が古いか瀬戸内が古いか――については大きく意見の相違がある。これは、考古学的な研究において、研究者同士の編年基準にコンセンサスが取れていないためで、研究者の考えは各々異なっている。たとえば、列石に関して、装飾過多なものから機能本来の形態へと移行すると考えるか、原初的なものから徐々に発展して最終的に形式的となり、形骸化するかという二つの編年観がある。占地についても同様で、高地から低地へ、低地から高地へとここにも対立がある。このような違いを単に地域差とみて、城郭の年代差や築造目的とは関係がないと捉える研究者さえいる。考古学的にはいずれの編年観も論理的には間違っていない。それでは何をもって編年観の是非を問えばいいのだろうか？

古代山城を「城」として考えるには

編年基準の混乱は古代山城という構築物を「城」として評価できていないことによる。古代の日本列島には「城」がない時代が長く続いた。そのため研究者たちにとって「城」はあまり馴染みのない研究対象であるのも事実なのだ。その点、隣国韓国の研究者らは三国時代といういわば戦国時代が研究対象であり、「城」の研究は避けて通れない。

日本の古代山城の築城年代を七世紀後半と考える後出説の研究者はまず「軍事性」を基

軸として山城の占地を評価しようとしている。そこに城壁構造の編年を組み合わせて——軍事性が高い城から低い城へ、列石に関しては原初的なものから装飾的なものへ変化するとみる——この点に関しては研究の進んだ韓国側資料とも照合して編年序列をクロスチェックすることも忘れてはいない。

「占地・縄張りプラン」と「城壁構造」は山城遺構を検討する上で車の両輪のようなものといえる。さらに城壁構造も城壁単体の比較に止まらず、中世城郭における縄張り研究と同じような視点を持って遺構を分析する必要がある。当然のことかもしれないが、古代山城に取り組むには広い意味での城郭や軍事（戦闘・戦争）に関する知識が必須であり、攻城側の導線設定（守城側に有利に設定されている）や横矢掛け（守城側が二方向以上から攻撃できるように工夫されている）など、城としての遺構の機能や目的を読み取る方法や知識を最低限身に着けなければならない。そういう意味では日本の考古学・古代史の研究者にとって「城」は苦手な研究対象といえるかもしれない。

日本列島で「城」が発達した時代は何と言っても中世—戦国時代である。日本における中・近世城郭の研究は長い研究史を持っており、韓国や中国に比しても研究の手法や実績面で非常に進んでいる。問題は古代山城研究の分野では中・近世城郭の研究成果や方法論が生かされていないことで、古代山城の調査には考古学研究者、中・近世城郭研究は城郭研究者と相互に連携や成果の共有化はできていないのが現状である。研究対象とする時代が違っているとか、中・近世城郭の研究者たちは古代山城にあまり関心を持っていないとか、いろいろな障害はあるとしても、「城」の研究としては中近世城郭の研究に学ぶべきところは多い。

韓国からみた日本の古代山城研究

日本列島に古代山城が伝播した時期は、百済・高句麗の滅亡、統一新羅の成立と渤海《ぼっかい》の建国という激動の時代の中で韓国の城郭が大きく変化した時期でもある。そのダイナミズムを見極める上でも日本の古代山城研究は韓国側から注目されている。韓国側から見た時、日本の古代山城はいわば「示準化石（ある特定の年代を示す化石）」のような遺跡――韓国の古代山城はその後も再利用や改築を受けているが、日本の古代山城は使用期間が短くその後の改変を受けていない――であり、韓国の城郭史を研究する上で重要な資料になると考えられているようだ。同様なことは文禄・慶長の役時に朝鮮半島南岸に築かれた倭城（日本軍が構築した防衛拠点）が、日本の近世城郭成立の示準化石的遺跡として日本の城郭研究者が注目している状況に似ているといえよう。戦争という両国間の悲しい歴史から生まれた遺跡であるが、互いの歴史研究、城郭研究に寄与する重要性もまた大きい。

日本では、古代山城を「対外防衛用」「逃げ込み城（避難用）」とするイメージが根強いが、韓国では古代の城郭に関して国防施設というより、朝鮮三国の互いの進出地域での「支配拠点」や侵攻作戦の「軍事基地」として捉える傾向が強い。日本でいう逃げ込み城用途のものは高麗以降の保民用山城が機能的には近いとされている。これは日本の古代山城が白村江の敗戦を契機に造られたと記録に見えることや八〇年代に韓国の山城が日本に紹介された時、「朝鮮半島の城郭は日本の中世城郭と違って異民族の侵略から一般住民を避難籠城させる「逃げ込み城」である」と強調されたことによるのだろう。韓国の古代山城では小型の山頂式山城が圧倒的多数を占めることもかなり以前から指摘されているが、列石構造が統一新羅以降普及することと同様、日本の古代山城研究では共通認識とはなっていない。

これからの課題

これまで古代山城の研究は外郭線の構造調査が中心だった。遅れていた朝鮮式山城の外郭構造も最近の大野城や鞠智城、屋嶋城などの調査によって、神籠石系の諸城と充分比較検討できる水準に達している。また城内調査についても鬼ノ城《きじょう》や鞠智《きくち》城では継続的な調査が続けられ、大きな成果が上がっている。

しかし多くの古代山城では外郭線の調査に比べて、城内遺構（貯水池、採石場、建物跡）の探索はほとんど進んでいない。八〇年代以降、長い間、城郭構造の検討が低調となっていたため、列石や石塁の細かい観察（加工、積み方など技法）も研究蓄積自体が少ない。こういった地道な研究も今後の課題といえる。古代山城は巨大古墳や都城にも劣らない壮大な構築物であるが、その築造過程（採石、加工、運搬）に関してはまだほとんど解明されていない。今後もっとも注力すべき分野であろう。

二〇一〇年、永納山城《えいのうざん》では三年がかりの城内遺構探索の結果、城の東南隅の比較的広い緩やかな谷奥で築造当時の遺構面を発見している。七世紀末〜八世紀初めの須恵器《すえき》なども出土しているが、最も注目されるのは鍛冶炉の検出である。鉄滓《てっさい》や燃料となる木炭も出土し、今後の調査が注目されている（愛媛県西条市　二〇一二）。これまで、おつぼ山城や帯隈山城などでも城内遺構を見つけようと城内側に伸びる尾根上に多数のトレンチを入れていたが、何らの遺構も見つけられていない。実は永納山城の場合も当初は尾根上にトレンチを入れたが、空振りに終わっていた。今回検出された永納山城の遺構面は二㍍《メートル》以上埋没していたため、調査前には遺構の存在はまったくわからなかった。

御所ヶ谷城《ごしょがだに》でも最近城内で採石場の跡が見つかり、花崗岩《かこう》の節理に合わせて石を割り取った状況がよく残っている（行橋市　二〇一四）。採石場についてはおつぼ山城の調査時にも西隣の杵島《きしま》山中腹の立岩から運ばれたことが明らかにされているが、その後の調査は進んでいない。一城で約二〇〇〇個もの列石が使われているから、その加工場が城内もしくは城の近傍に存在していることは間違いないが、多くの山城では調査はほとんど手付かずである。

古代山城は旧国単位で一、二ヶ所といった分布状況であるため、一遺跡だけの検討に陥りがちだが、汎西日本的な分布は国家的レベルの遺跡であることを示し、他の古代山城との比較を行うことで遺跡の評価が可能となる。神籠石系山城に比べて、朝鮮式山城は文献に記録があるため、国防・有事籠城というステレオタイプなイメージのまま調査が進められてきたが、城内の大量の倉庫群の存在など他の古代山城にはない特殊性を持っており、初築当時の構造や律令期の「城」としての性格について今後再検討が必要となっていくだろう。

年代論や築城主体論から次フェーズの研究段階へステップアップしていくためにも、律令国家形成史の中での位置付け、地域史の中での位置付けなど――考古学だけでなく広い視野が必要である。そのためには文献史学や歴史地理学の研究成果から学ばねばならないことも多い。出土土器の実年代観をめぐって「六五〇年までさかのぼる」とか「六六〇年代になんとか収まる」といった年代論をいまだに聞く。しかし古代山城築造の意義が軍国体制建設のための地域編成と密接に関わっているとするならば、些末な議論に陥っている感も拭えない。七世紀の地域支配体制の確立過程の研究こそ重要な議論であって、山城の築造年代がその「鍵」を握っているかもしれないのだ。

東アジアの争乱と古代山城

白村江の戦いと古代山城

「仁軌は倭兵と白江之口に偶《あ》い、四たび戦って捷《か》ち、其の舟四百艘を焚く。煙と焔《ほのお》、天に漲《みなぎ》り、海水皆赤し」

（劉仁軌は倭の水軍と白江の入口で出会い、四度戦って全勝し、倭の軍船四百艘を焼いた。煙と炎は天を覆い、海水は真っ赤に染まった）

水城の築造

『旧唐書《くとうじょ》』が描く白村江《はくすきのえ》の戦いである。戦いは倭・百済《くだら》軍の惨敗に終わり、百済復興軍の拠点である周留《つぬ》城《さし》も海戦から一〇日後の九月七日に開城する。倭軍は半島南岸の弖禮《てれ》城に退いて転戦中の倭兵や亡命する百済人らをともなって日本へ帰還してきた。百済復興の夢はついえ去ったわけだが、消えただけでなく、強大な唐の陸海軍が百済征服の余勢をかって日本へ来襲するかもしれない危険が生じた。

外征軍の引上げは六六三年（天智二）の暮れまでには一段落したと思われるが、第一段の防衛策は年内にはまだ打ち出されていない。年表的にまとめると敗戦→防衛と矢継ぎ早に対応策がとられたようにみえるが、現実にはそうではなかったようだ。

敗戦の翌年、天智三年（六六四）に対馬《つしま》・壱岐《いき》・筑紫《つくし》に防人《さきもり》と烽《とぶひ》を設置し、水城《みずき》が築造されているが、この記事には月の記載がなく、年末の是歳条に一括された記事となっている。水城の土塁基底部には低湿地での土塁の安定性を増すために樹木の枝葉を敷き並べている。これを敷粗朶《しきそだ》という。敷粗朶に使用された樹種の分析によって五月中・下旬〜七月中旬頃に伐採され、期間を空けずに敷かれたらしいので、着工は六六四年の初夏と推定される（九州歴史資料館　二〇一四）。おそらくこの年の初夏に着工、年末にはある程度の工事が完了したのだろう。

烽と防人

烽は〝とぶひ〟あるいは〝すすみ〟とも訓《よ》む。正式には「烽燧《ほうすい》」というが、「烽」は夜間に火を焚き、「燧」は煙をたてて通信することを意味する。いわゆる狼煙《のろし》である。『書紀』や『風土記』には○○烽《とぶひ》と表記しているので、日本では烽一字で火と煙の両方の意味を兼ねたらしい。

烽燧は古代中国で始まった高速通信技術であるが、大がかりな設置は白村江敗戦後が初めてとなる。対馬の千俵蒔山《せんぴょうまき》、壱岐の岳ノ辻《たけのつじ》、唐津の鏡山《かがみやま》、糸島半島《いとしま》の火山《ひやま》など、烽があったと伝えられる遺称地が各地に残っているが、烽の遺構は見つかっておらず狼煙台の構造がどんなものであったか未だ謎である（向井　二〇〇七）。

中国西域、韓国の烽燧、そして近世日本の狼煙場《のろしば》などの遺跡、記録などから、烽火の通信速度は条件のよい場合は時速一〇〇キロを越えていたようで、かつて対馬から太宰府市まで行われた実験では三〇分ほどで到達している。ただし烽火の視認距離は二〇キロが限界なので五〇キロある対馬～壱岐間は船で連絡している。これは古代も変わらなかっただろう。

壱岐～九州間の烽火は元寇《げんこう》の時にも設置されているが、古代に烽火台のあった場所を再度利用しているらしい。また烽火のルートは複数あったことも記録に残っている。烽火は天候など気象条件に左右される不安定な通信システムであるし、有事の際には敵軍に奪取・破壊される怖れもあったから複数設置が基本だった。

韓国済州島《チェジュ》には朝鮮王朝時代の烽燧遺跡が残っている。済州島の海岸線には烟台《えんだい》（煙台）と呼ばれる監視所が多数設けられており、烽燧台は付近の烟台からの通信を受けて発信する仕組みだった。日本では烽火台が監視所も兼ねていたと思われているが、実際はそうではなかったようだ。

防人の語源は「崎＋守」だといわれている。防人は東国諸国から徴発され、三年交代で九州の防備にあてられたが、東国からの定期的な派遣は天武・持統朝の頃から始まったらしい。防人軍の総数は約三〇〇〇人で、大宰府のほか、済州島の烟台のように対馬・壱岐、北部九州の海岸線に防人の守備地が配置されていた。具体的に防人の守備地がわかる事例は残念ながら少ないが、『万葉集』には博多湾の能古島《のこのしま》北端の也良岬《やらのさき》に防人がいたと歌われている。また『続日本後紀《しょくにほんこうき》』によれば、平安時代の八三五年（承和二）、壱岐の防人守備地として一四ヶ所の要地を三三〇人に守らせたとされるが、実際に壱岐には一四の岬が存在する。

築城記事は着工か完成か

プロローグで紹介した大野・基肄城と長門国での築城は、六六五年八月となっている。日本の場合、築城記事だけでは着工なのか完成なのかよくわからない。通説では築城年は着工と考えられている。完成までの期間については三年とか一〇年とかこれまで議論されているが、根拠はない。

奈良時代に築城された怡土《いと》城の場合、「天平勝宝八年（七五六）六月甲辰甲辰、始めて怡土城を築く」「神護景雲二年（七八六）二月癸卯、筑前国怡土城成れり」と着工と完成が書き分けられている。怡土城が完成まで一二年かかったことから天智紀の築城にも長大な期間が想定されているわけだが、本当だろうか。緊迫した国際情勢からは、にわかに信じがたい。

築城期間を考える上で参考となる史料が韓国にある。新羅《しらぎ》の南山新城では築城年や工区長を記した「南山新城碑」が見つかっており、築城に当たって平均担当距離として約一九・二一メートルごとにおよそ二〇〇の工区に分けられている。日本の近世城郭でも採られたいわゆる割普請《わりぶしん》方式が採用されている。五五一年（真興王十二）の「明活山城作城碑」によると、高さ一〇歩（約一四メートル）、長さ一四歩三尺三寸（約二一メートル）の城壁を三五日（十一月十五日～十二月二十日）で完成させており、城壁などの工事に関しては何年もかかるものではなさそうなのだ。

「南山新城碑」はこれまで一〇個発見されている。工区の長さは細かい尺や寸単位まで記されているので、完成後の実測に基づいた建碑であることがわかる。碑文によると五九一年（辛亥年）二月二十六日に完成となっているが、『三国史記』では真平王十三年（五九一）七月に「南山城を築く」とある。築城月の違いは農閑期である冬季に普請（土木工事）を行って、その後の城門や内部の建物など作事（建築）などの部分の完了が七月と考えれば無理なく理解できる。白村江戦後の場合は、大陸からの侵攻から守るための築城なのでかなり無理をして動員している可能性は高く、農閑期を待たずに工事を開始しているかもしれない。少なくともこれまであまり検討せずに「着工」とみてきた想定を「完成」として見直してみる必要はありそうだ。

城（キ）は百済語か

白村江の戦の後に築かれた大野城などは、城を「キ」と発音していることから、キは百済《くだら》語といわれることが多い。確かに『三国史記』地理志には百済時代の表記として新羅《しらぎ》の「潔城郡」を「結己《けつき》郡」、「儒城県」を「奴斯只《ぬしき》県」などと記していて、城をkiと訓んでいたことがわかる史料がある。しかし『日本書紀』では柵も「キ」と訓んでおり、キは日本語とする説も有力である。古代山城および周辺には「キヤマ」地名が散見されることも古代の山城が「○○のキ」と呼ばれていたことの証左である。

『書紀』の朝鮮関係史料では、城を「サシ」と訓んでいる。これは城郭を意味する古代の新羅語と考えられ、『訓蒙字会』にもčasは城とある。また『魏志』高句麗伝では高句麗の言葉として「溝漊（コル）」をあげ、城を意味するという。『三国史記』地理志では、高句麗の地名として城を「忽」と記していてkolと発音していたことがわかる。三韓諸国では城について各々異なった呼称を持っていたらしい。

平安京遷都後の詔《みことのり》に、「この国は山河襟帯し自然に城をなす」とある。平安京の形勝から「山背国《やましろ》」を「山城国」と改称したのだが、これが「城」という字を「しろ」と読む由来になったといわれている。

築城に至る経緯を詳細にたどると、敗戦後の唐からの遣使に対応するかのように築城記事が載っていることに気づく。まず最初は、敗戦の翌年、六六四年五月に唐将・劉仁願の使者として郭務悰《かくむそう》がやってきた。先の敷粗朶の樹種分析から水城が着工されたのは郭務悰来日の直後であることがわかる。大野城や基肄《きい》城はその配置から水城とセットをなすマスタープランの存在が推定されているから、この時、選地計画が練られ六六四年中に着工された可能性が高い。

唐からの使節と軍事プレゼンス

五月に来日した郭務悰に対して倭政権は対応に苦慮し、四ヶ月半も待たせたあげく、唐からの正式な使者でなく劉仁願の私使であることを理由に十二月に帰国させた。郭務悰が筑紫にとどめ置かれる間、北九州沿岸の防衛プランを策定・築城にとりかかっていたことになる。

大野城などが完成した六六五年八月の翌月、今度は本国の唐から劉徳高が前年の使者である郭務悰と百済人・禰軍《でいぐん》等を伴って来日した。正式の唐使である彼らは入京を認められ、外交文書も受理されている。

これら白村江戦後の唐使派遣目的について和親を求めたものとする意見もあるが、倭国側の対応からみて平和的な外交使節とは思われない。特に六六五年の劉徳高の時は武官を中心とする二五四人という大使節団であった。百済復興運動の鎮圧後、唐は百済を羈縻《きび》支配下に置こうとしており、六六四年、六六五年の二度にわたり熊津都督《ゆうしん》に任じた百済義慈王の太子・扶余隆と新羅王の会盟を行わせている。六六四年五月の郭務悰派遣は六六五年八月の熊津就利山会盟への倭王参加要求、六六五年九月の劉徳高派遣は六六六年一月泰山封禅儀式への倭使派遣要求とみる考えは状況証拠しかないとはいえ、倭政権の慌てぶりからみてかなり高圧的な要求がなされていたと考えるべきだろう。

劉仁軌の上表文「余豊は北（高句麗）に在り、余勇は南（倭国）に在り、百済高麗は旧相ひ党援し、倭人は遠しと雖も亦相影響す」からは、潜在的な日本の朝鮮半島に対する軍事力を高く評価していたことがうかがえる。白村江で大敗したとはいえ、倭国の水軍力・渡海戦力は唐としても侮れないとみられていたのではないだろうか。最近、発見された禰軍墓誌にも「日本の残党は扶桑に依拠して誅罰を逃れていた」とある。列島に引きこもって謝罪もしない倭国に対して疑心を抱きつつ、当面の高句麗戦に向けて倭国に対して大きな軍事活動を起こせないため、軍事警戒と牽制をかけるしかない駐百済唐軍の状況がわかる。

長門の城論争

六六五年に大野・基肄二城と共に築かれたとされる長門城《ながとのき》は下関市付近と推定されながら未だ遺跡が見つかっていない幻の城である。この城には名前が記されていない。長門城というのは便宜的な仮の城名で正確には「長門国の城」

と呼んだ方がよい。

六六五年の記事によく似た記事が六七〇年にもあることから六六五年が着工、六七〇年を完成とみる意見をよく目にするが、これも根拠のない想像説の一つに過ぎない。長門城に城名が記されないことから未完成だったという説も出されているが、これも想像にとどまる。

寺院や宮殿の建設記事には完成後に「名けて○○と曰う」という命名記事が付いているものがある。ちょうど水城の築造に「筑紫に大堤を築きて水を貯へしむ。名けて水城と曰ふ」というのがそうである。大野・基肄の二城についても命名記事はないものの、城名が付いているから完成→命名を済ませたのだろう。長門国の城の場合、着工記事だったのか、命名記事の脱漏なのか、今となってはよくわからない。

天智紀に記事の重出や脱漏など錯簡が多いことは以前から指摘されているが（坂本一九六四）、重出だけでも七記事を数える。重出の原因として天智天皇の称制が上げられているが、四年違いの重出ならば称制を理由にもできるが一年違いや六年違いは説明できない。簡略な記事と詳細な記事にわかれることから挿入記事に問題があるという見方もある。しかし挿入記事にも本来の記事にも重出が認められ単純ではない。また天智紀全年度にわたって重出があるわけでもない。記事の脱漏は壬申《じんしん》の乱《らん》による大津宮にあった修史局の混

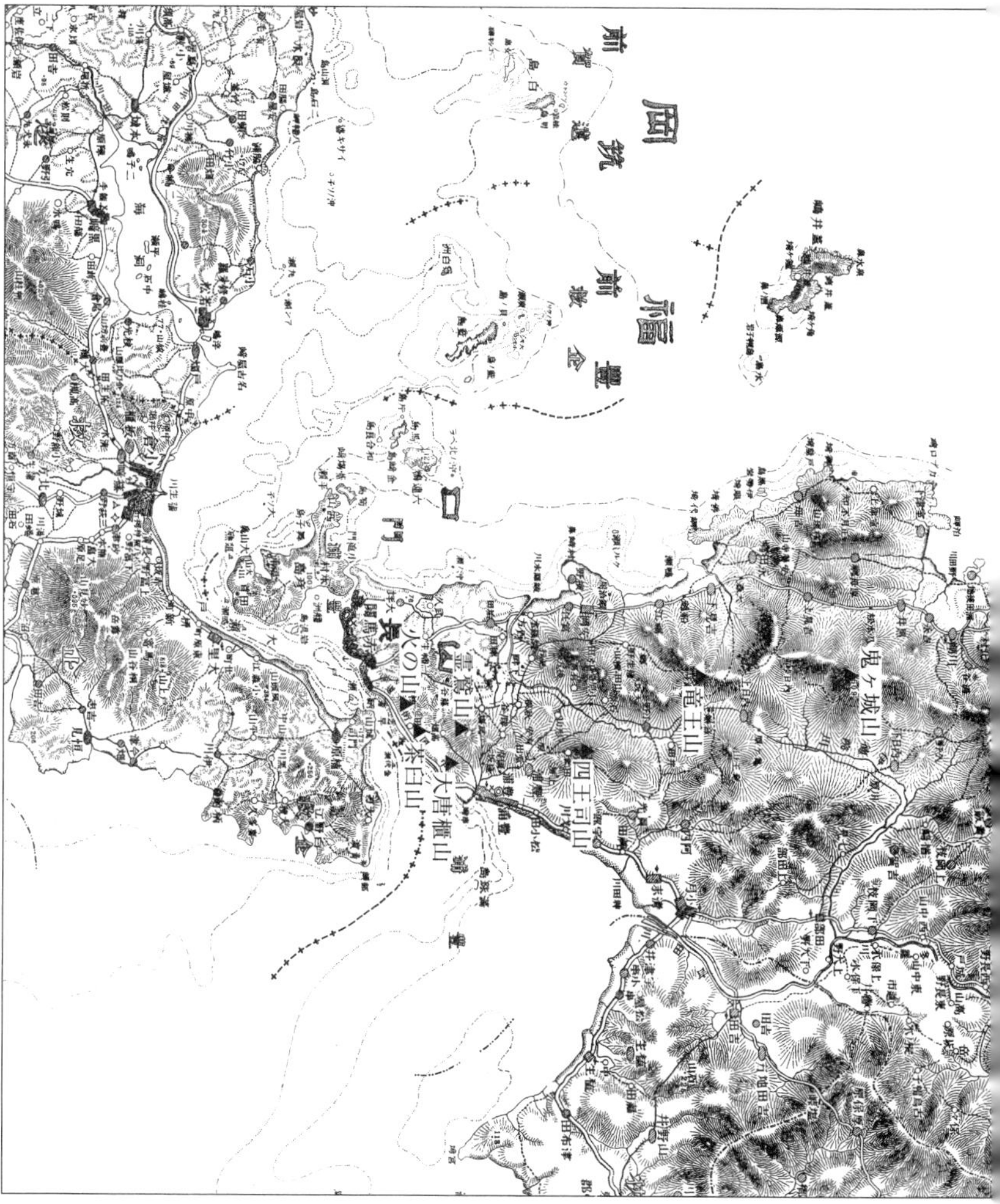

図41　長門国の城の候補地

乱が原因とみられるが、天智紀そのものが未定稿であった可能性もある。

築城のため長門国に派遣された答本春初は六七一年（天智十）に叙位されている。大野城築城の憶禮福留らと共に「兵法に閑《なら》へり」が叙位の理由として分註が入っており、山城築城の論功行賞とみるのが妥当であり、答本春初が担当した長門城も何処かに築城されていることは間違いない。六七一年の叙位には谷那晋首や木素貴子も兵法に閑へりとされており、彼らが天智七年の築城その他に関わった可能性は高い。憶禮福留らは周留城陥落後、日本へ亡命する記事にも名前がみえており、彼らは百済復興運動を実際に戦っていた将軍たちである。

長門城はどこにあったか

これまで長門城は関門海峡に見下ろす山々に候補地が求められ探索されてきた。火の山、茶臼山、大唐櫃《おおからうとやま》山、霊鷲《りょうじゅ》山、四王司《しおうじ》山など海峡周辺のほとんどすべての山が候補になっているという状況だが、未だその所在はようとして知れない。一時期、山陰側ではないかと竜王山や鬼《おに》ヶ城《じょう》山まで探索地が広げられ、鬼ヶ城山では地元の探索グループによって石塁が発見されたと話題になったこともあった。その後石塁は砂防用の新しい石垣と判明し鬼ヶ城説は消えた。最近も四王司山で石塁が見つかったというようなニュースが流れ話題になったが遺構ではなかったようだ。

古代山城の一般的な選地観からすると関門《かんもん》海峡直近の山地はまず除かれる。不思議に思われるかもしれないが、想定される主戦場から一歩引いた場所に拠点を築くのが選地のルールといえる。たとえば伊予《いよ》の永納山《えいのうざん》城は来島海峡という主戦場から南方約一〇キロに位置しているし、大野城と博多湾、鬼ノ城《きのじょう》と吉備《きび》津など主要港湾からもある一定の距離を置いた後背山地に立地するのを常としている。海浜に面する対馬金田《かなた》城や屋嶋《やしま》城も周辺海域が敵船団の停泊地となることを妨害する攻撃拠点として設けられているらしい。

このような観点から長門国の状況をみると、関門海峡から距離一〇〜一五キロ程度後方で瀬戸内側と日本海側への交通路の結節点である木屋《こや》川河口の小月《おづき》付近が有望視される。四王司山から小月西方の山系のどこかで将来長門城が発見されるかもしれない。

近江遷都の背景

六六六年は唐の高句麗攻撃が再開された年である。この年の元年と十月の二回相ついで高句麗使が来倭している。目的は援軍要請とみられており、六六七年三月の近江遷都は高句麗との共同作戦を想定したものだった可能性が高い。大津宮の造営は六六六年の冬には開始されていたらしい。大津宮が設けられた志賀津は志賀の漢人の集住地であり、五七〇年にはじまる高句麗との国交と高句麗・百済・倭国との同盟関係の連絡ルートとして敦賀へのアクセスが重視された。また近江の湖北一帯は鉄の一大生産地であり、軍需物資としての鉄も遷都の一理由だろう。近江は馬産地の東国にも近い。

倭国と高句麗の連携を察知した唐も六六六年十一月に使節を派遣してきた。この使節はわずか四日の滞在という異例の短期間で帰国しており、目的は倭国の高句麗政策の偵察だろう。戦局の悪化や高句麗政権の内訌《ないこう》で高句麗との連携はならず、六六七年十一月、高《たか》安《やす》・屋嶋《やしま》・金田《かなた》城を築き、長い縦深防衛シフトの構築を開始している。着工は六六七年の夏頃だったかもしれない。

近江遷都と高安城の築城は一見矛盾しているようにみえるが、六六六〜六七年にかけての倭国の対外政策の強気の局面と弱気の局面が対照的に現れたといえる。ただし近江南部は高句麗との連絡ルートの役割だけでなく、東海・東山・北陸道からの物流の集中地であり、列島の東西交通軸も直接掌握できる地の利を持っている。高安以西の山城が防御の正面であり、大津宮以東の東国が後背の兵站地、そして大津宮は内線作戦の中心と位置づけられる。それ故に高句麗との連携が頓挫した後も大津宮から倭京へ戻らなかったと思われる。

高安城の築城

河内と大和の国境に位置する高安城は倭国最後の防衛線といわれることが多い。しかし倭京の逃げ込み城ならば、飛鳥東方の細川山や多武峰《とうのみね》の方が相応しい。難波宮などからの逃げ込み城とする意見もあるが、高安城の立地は畿内全体で捉えるべきだと思う。

古代山城の配置をみると、一国に多くても二城である。当時の状況からみて同時多数築城は困難であろう。逆に無駄のない立地をしているともいえる。玄海灘沿岸でも福岡平野の奥に水城・大野城しか造られていない。那津《なのつ》（博多湾）―福岡平野―三郡山地（大野城）―大宰府と難波津―河内平野―生駒山地（高安城）―倭京と模式的に比較すると、難波と飛鳥を結ぶ大道とそれを遮断する山地による防御線構築とみられなくもない。しかし河内・大和両国から動員して築城する適地は高安しかなかったともいえる。

七〇一年（大宝元）の廃城時にも「其の舎屋雑儲物を大倭・河内二国に移し貯う」とあり、天智八年の修築記事には「畿内の田税を収む」とあることからも畿内――特にその中心である河内・大和の兵站基地的な性格をうかがうことができる。

高安城は長らく遺跡が不明だったが、一九七八年（昭和六十二）に礎石建物群が六棟見つかったことからその構造が解明されると期待された。しかし外郭線や門跡、礎石建物群以外の建物については未だに判明していない。カナド池南方には土段状の土塁線らしき遺構も見られ、高安山～信貴山を中心とした周囲四キロほどの規模が想定できる。高安城の城域は関野説以来、非常に広域が想定されてきたから、今後はもっと狭い中心部での多数のトレンチによる遺構分布調査が必要と思われる。

また築城記事に「倭（大和）国高安城」とあること、七一二年の高安烽廃止記事で「河内国高安烽」となっていることも城域推定のヒントになるかもしれない。現在でも高安山山頂は大阪府（河内国）に含まれるから高安烽の記事と合致する。すると高安城は大和国側ということになるわけだが、従来の諸説はいずれも高安山西南方や高安霊園付近で大きく奈良県側に入り込む大阪府域を含んでいる。築城当時の国境線は明らかにできないが、この点でも従来説は見直しが必要と考えられる。

屋嶋城と讃岐城山城

出宮徳尚《でみやとくひさ》は『続日本紀《しょくにほんぎ》』養老三年（七一九）の備後《びんご》国の茨城《いばらき》・常城《つねき》の停止記事「備後国安那郡の茨城、葦田郡の常城を停《や》む」について、各々の城が郡名を冠して区別されていることに注目した。そして六六七年築城の屋嶋城が「讃吉國山田郡屋嶋城」と郡名（当時は評名）を記載しているのは、讃岐国内におけるもう一城の存在を暗示していると指摘した（出宮　一九八四）。讃岐でももう一つの古代山城という坂出市の讃岐城山《きやま》城がある。

このことからも文献＝史書には百科事典的に全記録が網羅的に掲載されているわけではないことがわかる。またこれまでも指摘してきたように「天智紀」は重出や疎漏などが多く、是歳条にかけざるをえないほど、年月すら不十分な原史料しか残されていなかったらしい。文献記録にないことに対してその意味を詮索するのを側聞するが、このような史料の貧弱性を考慮すれば特別な理由があるわけではなく、詮索を重ねることは文献史料の限

図42　屋嶋城 石塁（高松市教育委員会提供）

界を越えた解釈になりかねない。

高句麗の滅亡

六六八年七月、最後の高句麗使がやってきた。滅亡に瀕した状況下で倭国からの救援を要請したと思われるが、これに倭国がどのように対応したかは伝わっていない。『日本書紀』には六六八年十月に「大唐の大将軍英公、高麗を打ち滅す」と簡単にその国の最後を記しているだけだ。

高句麗滅亡と相前後して、六六八年九月、十二年ぶりに新羅使が来航を開始している。『書紀』にはないが『冊府元亀』には六六九年一月の倭国使が記録されている。タイミング的には高句麗滅亡の報を受け、緊迫する東アジアの国際情勢に翻弄される倭国の状況がうかがわれる。

羅唐戦争と東アジア情勢の推移

唐の倭国征討計画

「又消息を通じて云う、国家（唐）船艘を修理し、外倭国を征伐に託し、其の実新羅を打たんと欲す　百姓之を聞き、驚愕不安す」（また、いろいろな音信によれば、唐では船舶を修理しており、表向きには、倭国を征伐するためであるといっているが、その実は新羅を攻撃しようとしている、と伝えています。人々はこの話を聞いて、驚きおそれ、心がやすまりませんでした）

『三国史記』新羅本紀の薛仁貴にあてた文武王の報書（文武王十一年七月条）の中にある一節である。六六九年（天智八）頃の状況だが、倭国には九月頃、新羅使によって唐の倭国遠征計画が伝えられた。驚愕した倭国からは六六九年の暮れ頃、高句麗平定の祝賀使が派遣されている。表向き祝賀の使いといっても遠征計画の偵察であったことは想像に難くない。

唐の倭国遠征計画が伝えられ、防衛体制整備も急がれたと思うが、六七〇年二月には「庚午年籍」が造られた。公民化政策に基づく徴兵によって全国的な臨戦態勢にこの時入ったと評価できる（山尾　一九九二）。

唐と新羅と百済、三つどもえの外交戦

六七〇年夏頃、唐の倭国侵攻の危機は最高潮に達していたと思われるが、倭国遠征は中止される。六七〇年春の高句麗旧将・鉗牟岑《けんむしん》の反乱をきっかけに唐と新羅が戦争状態に入ったのだ。唐は遠征計画を放棄し新羅征討軍に切りかえ水軍を送る。

六七一年は海外からの使者が相ついだ。一月、四年ぶりに唐・熊津都督府から李守真が来倭する。百済使も二月、六月と来倭。一方、唐に敵対した新羅からも六月、十月と使者が派遣されてきた。この百済使は親唐百済勢力とでもいうべきもので、唐の熊津都督府支配下の在地百済人らで構成され、前年七月、旧百済領へ侵攻を開始した新羅に対抗するため唐と結んだ傀儡政権である。彼らの目的は『書紀』天智十年六月に「百済の三部の使人の請す軍事を宣ふ」とあるようにまたも倭国からの軍事支援であった。遣使の目的は新羅も同様であったろう。

唐・新羅両陣営から「援軍」を要請されたが、この段階では倭国は旗幟を明確にしてい

ない。

二〇〇〇人の大使節団の謎

問題は唐人・李守真と百済の使人らが帰国した四ヶ月後の十一月のことである。郭務悰らが二〇〇〇人、船四七隻に乗って対馬に到着したと筑紫大宰から知らせが届いた。従来この大規模な使者派遣は唐による軍事的な威圧であるとか、はては倭国占領軍などといったとんでもない解釈がなされているが、直木孝次郎はこれを白村江戦で唐に捕らえられた捕虜の返還とする。高句麗滅亡からの目まぐるしい国際情勢の変化と羅唐戦争の勃発をかんがみれば、納得のいく解釈であり、現在では通説といってよい（直木　二〇〇九）。

使節の構成は「唐國の使人郭務悰等六百人、送使沙宅孫登等一千四百人」となっており、直木は一四〇〇人を捕虜、六〇〇人は捕虜を監視・護送する唐・百済人と解釈する。倭国からの援軍を引き出すための捕虜返還とすれば、翌年五月の郭務悰らへの膨大な軍需物資の賜与も理解できよう。十二月に崩御した天智の後を継いだ大友皇子以下の近江朝廷は、朝鮮半島への再度の軍事介入に踏み出そうとしており、それが壬申の乱の原因となったと思われる。

百済からの亡命者の多くが近江朝廷のブレーンに入っており、百済復興のために唐に組みすることは心情的に理解できる。

壬申の乱と古代山城

六七二年（天武元）六月の壬申の乱の主戦場は美濃〜近江であったが、倭京をめぐる戦闘で高安城が戦場となっている。高安城の税倉を守る近江朝廷側の守備兵を坂本臣財《さかもとのおみたから》が攻め、近江側の兵は税倉《ちからぐら》を自焼させて退却している。坂本臣は難波から大和へ向かう壱伎史韓國の軍勢を迎え打つため高安城から下って衛我河《えが》（石川・大和川の合流点付近）で戦い敗退した。

注意されるのは近江側・大海人側共に高安城を防御拠点として利用していない点で、数百人規模の小兵力では守るには適さない構造だったか、竜田越えの遮断線としては北に偏っていたか、理由はわからないが、古代山城の機能や性格を考える上で興味深い。近江朝廷の興兵使に対して筑紫大宰・栗隈王《くりくまのおおきみ》が語った「筑紫國は、元より邊賊《ほか》の難《わざわい》を戍《まも》る。其れ城《き》を峻《たか》くし隍《みぞ》を深くして、海に臨みて守らするは、豈内賊《あにうちのあた》の為ならむや」が基本的な性格を語っているのだろう。

坂本臣らも当初から高安城が攻略目標ではなかったようで、近江側も戦闘は避け、城を放棄している。坂本臣らが高安城に登城した平石野は一説によると平群に比定されており、高安城の東斜面が緩やかで防御に適さなかったことから近江側が逃散したとする見方もある。

大津宮陥落直前に三尾《みお》城が落とされている。地名から滋賀県高島の三尾崎から東へ延びる山地が候補地とされているが、遺跡は見つかっていない。地形的には湖西の交通の要衝に当たるので、おそらく三尾城はこの場所で間違いないが、「近江京より、倭京に至るまでに、處處に候《うかみ》を置けり」という「斥候《うかみ》」のような監視所の一つで、本格的な城郭ではなかったかもしれない。紀路を押さえる飛鳥時代の砦・森カシ谷遺跡（奈良県高取町）も斥候的な遺跡の一つと考えられる。

天武・持統朝と古代山城

天武朝の軍国体制

「凡そ政の要は軍事なり。是を以て、文武官の諸人も、務めて兵を用ゐ、馬に乗ることを習へ」

（そもそも政治の要は軍事である。それ故、文武官の人々は努めて武器を使い、乗馬を習え）

壬申《じんしん》の乱《らん》で勝利し権力を握った天武によって、六八四年（天武十三）に出された有名な詔《みことのり》である。諸王以下すべての官人に武器を備えること、文官にも兵器と乗馬の訓練を命じている。この他、天武朝では天武四年の諸王・官人の武装義務化や八年の兵器検査など、たびたび官人武装政策が出されているのが特徴である。この時期は律令軍団制の萌芽期とされ、六七三年十一月の陣法教習記事や六八五年の部隊用武器・大型武器の収公記事、六八九年（持統三）の兵士点兵率記事など軍事関係記事が頻出し、前代の国造軍的体制から軍団制への移行が進められていた。

これに対して、天武・持統朝には、高安城への行幸記事などを除いて、城郭関係記事はほとんど現れない。わずかに六七九年十一月、竜田山・大坂山の関と難波羅城が設置されているだけである。壬申の乱で近江朝の防衛体制構築は一度頓挫しており、この後、天武朝は新羅と修好をはかる政策――朝鮮半島不介入をとっていくので、山城築造の緊急度は低下し、停止・廃城となった山城もあるかもしれない。

ただし壬申の乱後も朝鮮半島では唐と新羅の戦闘がつづいていたことを忘れてはならない。高句麗に代わって新羅が唐の侵攻からの防波堤になってくれている間はよいものの、新羅が敗れるようなことになれば、倭国は唐と直接対峙せねばならなくなる。そういう意味では西日本の防衛体制は最小限必要であったといえる。少なくとも唐が半島から撤退する六七六年までの五年間はこの状態がつづいた。

羅唐戦争の推移

六六九年四月頃から旧百済地域への探索戦を開始していた新羅は、六七〇年七月、熊津都督府からの攻撃を察知し、先手を取って旧百済領に侵攻して八二城を奪取した。その後も加林城や石城、古省城など百済旧王都である泗沘周辺で攻防が繰り返され、六七二年には旧百済領に所夫里州を設置している。

一方、旧高句麗領では六七〇年三月の鉗牟岑《けんむしん》の反乱後、新羅軍と高句麗復興軍が鴨緑江《アムノクガン》を渡って作戦を行ったが、唐軍に押されて大同江《テドンガン》以南への後退を余儀なくされた。復興軍が載寧方面へ南下する途中、鉗牟岑は淵浄土の息子・宝蔵王の外孫の安勝に殺されてしまう。唐は六七一年七月までに遼東地域の高句麗復興運動を鎮圧し、六七二年七月には平壌が再占領された。六七二年以降、攻勢に転じた唐軍は載寧平原の石門の戦いで大勝し、高句麗復興運動は勢いをなくしていく。新羅は六七四年に安勝を旧百済領に設けた報徳国の王とした。

六七三年九月、臨津江《イムジンガン》流域で戦闘が繰り広げられたが、新羅軍は唐軍の大攻勢を臨津江のラインで阻止することに成功する。唐軍はこれ以上南進できず戦線は膠着状態に入った。六七五年九月、新羅軍は泉城につづいて買肖城《ばいしょう》の戦いでも唐軍を破り、唐軍は退却した。さらに、六七六年十一月、新羅水軍が錦江河口の伎伐浦《ぎばつぽ》で唐水軍に大勝利する。

買肖城戦闘と伎伐浦海戦が羅唐戦争終結の決定打となり、唐は朝鮮半島から撤退したといわれているが、唐は吐蕃《とばん》との戦争に注力するために新羅戦線から撤収する方策をとったのが真相らしい（盧　二〇一二）。

大宰・総領制と瀬戸内の山城

天武・持統朝には、吉備《きび》、周芳《すおう》（周防）、伊予《いよ》、筑紫《つくし》などに数ヶ国を管掌する大宰・総領（惣領）が置かれた。大宰・総領が管掌する数ヶ国は「道」と呼ばれる広域行政ブロック――一種の軍管区であった。

大宰・総領の設置時期は天智朝段階までさかのぼる可能性もあるが、畿内から筑紫にいたる西日本主要部に拠点を置いて領域編成を担ったと考えられている。六七三～七五年には国境画定事業が行われ、「道制」から国郡制にもとづいた「七道制《しちどう》」が成立した。全国的な直線道の駅路敷設もこの時期が有力視されている。

大宰・総領は基本的には行政官だが、壬申の乱時の吉備国守への出兵要請にもみられるように、軍事的権能も合わせ持っていたと思われる。軍事と行政の未分化は、六八五年の郡家《ぐうけ》（評家《こおりのみやけ》）への武器収公からもうかがえる。評の持っていた軍事機能は大宝令以降、郡と軍団に分化する。大宰・総領制は浄御原令《きよみはらりょう》制下の七〇〇年（文武四）十月までつづき、大宝令の施行で大宰府をのぞいて廃止された。

大宰・総領の拠点と山城は、吉備大宰―鬼ノ城《きじょう》、周芳惣領―石城山《いわきさん》城、伊予総領―永《えい》納山《のうざん》城のように対応関係が指摘できる。吉備大宰は播磨まで、伊予総領は讃岐も管掌しており、その地域の城郭も管轄下に置かれたと思われる。

瀬戸内の古代山城を特徴的づけるコの字型門礎石は上記の鬼ノ城、石城山城、播磨城山

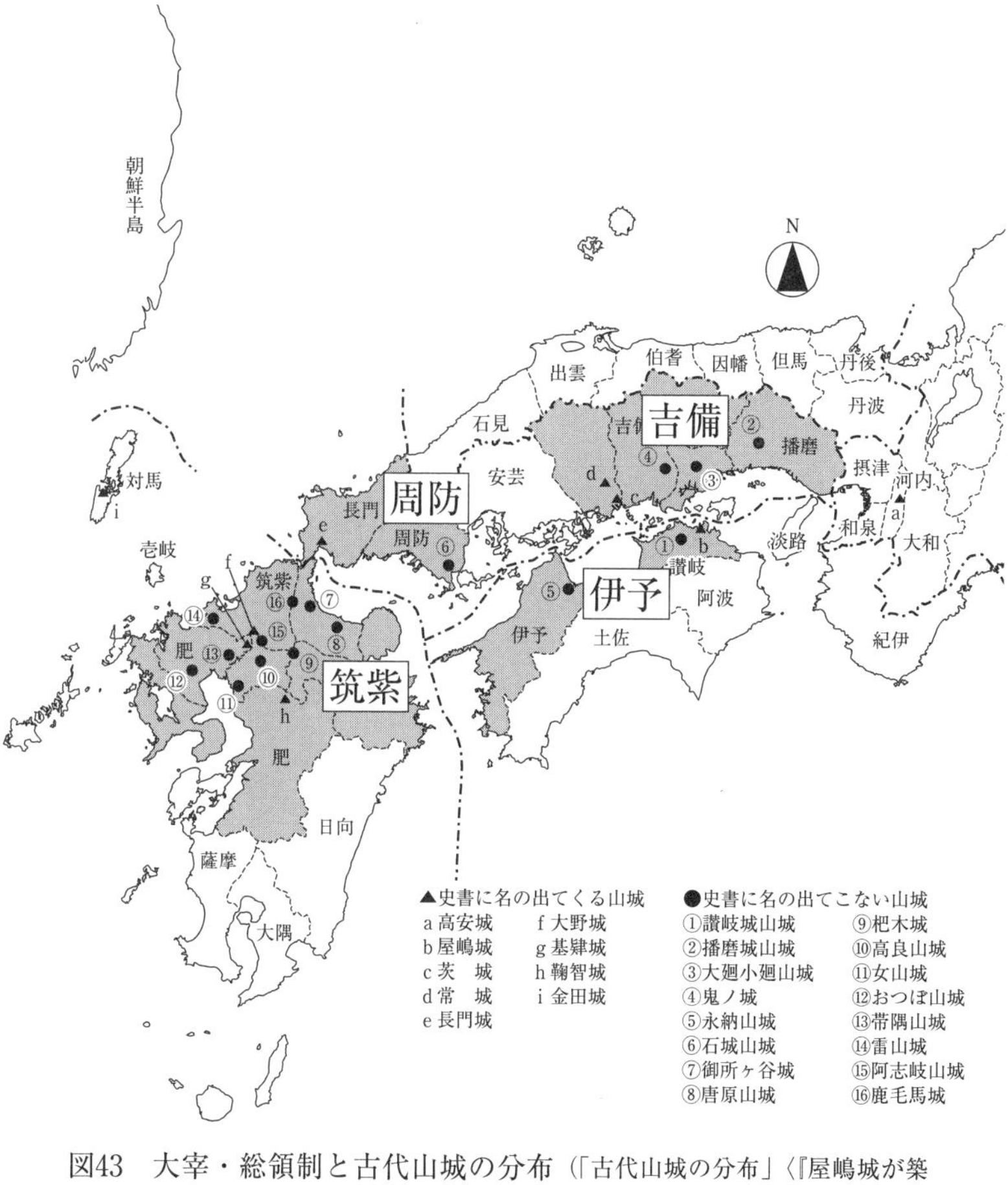

図43　大宰・総領制と古代山城の分布（「古代山城の分布」〈『屋嶋城が築かれた時代』より〉をもとに作成）

城、讃岐城山城に分布しており、その分布は大宰・総領制が敷かれた地域と重なる。コの字型門礎石には未製品や据付け前の状態で放置されたものが多い。いつ頃、工事が中止となったのか、壬申の乱後の可能性もあるが、大宰・総領との関係を考えれば藤原京段階だろう。瀬戸内地域のいくつかの城は並行して整備が進められていたが、ある段階で鬼ノ城を残し、すべて停廃されている。八世紀以降の状況は史料が少なく不明な点が多いが、七〇一年、高安城廃城—大宝令施行、七一九年、茨《いばら》・常城《つねき》停止—最初の軍制改革、七三九年、軍団停止などが瀬戸内諸城の停廃契機として想定される。大宰・総領段階の「道制」から「国制」への移行によって、山城の管理も所管国に引き継がれたと思われるが、その後維持された形跡はほとんどない。

外寇の危険が去った後もしばらく瀬戸内の山城群が維持・改修されていた理由として、吉備地域諸勢力との政治的決着—令制化推進があったとみたい。吉備中枢部に築かれた鬼ノ城は「有事籠城型」のプランを取りつつ「視覚的効果」を狙った外郭線を持つ新時代型の山城として整備されており、上記施策の象徴的遺産といえよう。

飛鳥浄御原体制と筑紫新城

「九月の庚辰の朔己丑に、直廣参石上朝臣麻呂・直廣肆石川朝臣蟲名等を筑紫に遣して、位記を給送ふ。且新しき城を監しめたまふ」

（九月十日、直廣参石上朝臣麻呂・直廣肆石川朝臣蟲名らを筑紫に遣わし、

図44　大宰府政庁模型（九州歴史資料館所蔵）

位記を給付され。新しくできた城を監督させた）

『日本書紀』持統三年九月己丑条には筑紫に派遣された石上《いそのかみの》麻呂《まろ》らに新しい城の工事を監督させたという。持統三年に新規に築城が行われたのだろうか。この新城については、①大野《おおの》城・基肄《きい》城、②大宰府都城（第Ⅱ期政庁）、③藤原京（新城・新木）、④神籠石系山城など、諸説が提唱されている。

確かに築城から二〇年以上経過した大野城などを〝新城〟と表現するのは疑問であるし、前段の「遣……於筑紫、給送位記」とは且で結ばれており、筑紫における記事と理解した方が無理がない。藤原京については天武朝の造営地選定記事中でのみ新城（新木）と表現されている。

大宰府第Ⅱ期政庁は中門・南門出土の鎮壇具用の須恵器《すえき》（長頸壺《ちょうけいこ》《ながくびつぼ》など）から、八世紀初頭の築造とみられていたが、新城＝大宰府都城説をとる研究者からはⅡ期政庁を若干さかのぼらせる年代観が提唱されている。最近の調査によるとⅡ期政庁は八世紀第1四半期中にようやく建設が開始されたとみられており、到底六八九年ではありえない。Ⅰ期新段階の建物群の方が年代的には問題がないが、礎石建物に改修されたⅡ期政庁ならともかく、Ⅰ期の掘立柱建物が新城と呼ぶに相応しいかどうかである。

「給送位記・監新城」記事は、六八九年六月の浄御原令施行を受けて、大量の官人集団が筑紫に派遣され、筑紫地域における令制化が本格的なフェーズに移ったこと——筑紫大宰（のちの大宰府として）の正式発足を示すとみられている。筑紫新城は浄御原令体制下の筑紫大宰が筑紫地域での地域編成を円滑に進める上で支配地域に軍事威圧をかける築城だったのではないだろうか。筑紫が吉備とともに反乱伝承を持つ地域であることは重要である。少なくとも、筑紫地域が制御の能わぬまつろわぬ民の住地であるという認識を畿内の政権支配層が持っていたことは事実だろう。

「監新城」の「監」は七六四年に佐伯今毛人《さえきのいまえみし》が任命された「営城監」など造営関係の長官職に用いられており、少なくとも単に検分をしたというような意味ではない。やはり新城は字義通り解釈して「新規築城」であると理解したい。

北部九州の神籠石《こうごいし》系山城が視覚的効果を意識した縄張・外郭構造を持ち、城郭としての防御機能に問題があることも、上記のような軍事威圧的な施策遂行が目的ならば、何ら不思議ではない。平野に面する正面側のみ城壁を築造するプランは、平城京の南辺―羅城門とその左右のみ築地が設けられ、南側からみるとあたかも京の周囲に羅城が廻らされているかのように見せる――映画のセットのような羅城と思想的に非常に近い。想定される敵対勢力によって城郭構造――特に求められる防御性能がおのずと違ってくるのは、東北地方の城柵をみても明らかである。対外国侵略軍用―大野城や鬼ノ城（いわゆる天智紀山城や瀬戸内の神籠石系山城）、対国内地域勢力用―北九州の神籠石系山城と位置付けられる。

むろん天智紀や瀬戸内の築城について対外防衛が第一義だったとしても、築城工事に伴う建設費・労働力・人材の徴発と兵器・兵力の集中管理は在地勢力の独自性や力を削ぎ、律令体制へのシフトを容易にしたという側面は否めない。北九州の神籠石系山城についても真の目的が北部九州の令制化だったとしても、公式には対外的な防衛拠点として建設が進められていったと思われる。

三野・稲積城について

六九九年（文武三）修築の三野《みの》・稲積《いなづみ》城については、①博多湾沿岸説、②南九州説の大きく二説がある。博多湾岸説は未発見の天智紀山城と考えるもので、古代の筑前美野駅周辺（福岡市博多区美野島）を三野城の、糸島《いとしま》半島の稲留《いなどめ》（福岡県糸島市火山南麓）を稲積城の遺称地とする。南九州説は三野城を日向《ひゅうが》国児湯郡三納郷に、稲積城を大隅《おおすみ》国桑原郡稲積郷に比定し、国府防備の城柵—隼人《はやと》支配の拠点と考える。

博多湾岸説は考古学者から支持され、南九州説は文献史家の支持が多いのが特徴といえるが、いずれも根拠は地名比定だけで遺跡は見つかっていない。

この三野・稲積城の修築は前年の大野・基肄・鞠智《きくち》城の修築とセットで捉えるべきであり、大宰府管内の北部九州地域に鞠智城のように築城記事を漏らした山城があったと考える方が無理がない。南九州（薩摩・大隅）に柵が設けられたことは記録にみえるが、この時期の東北と同様「柵」であり「城」ではない（鈴木拓也　二〇一五）。従来の博多湾岸説の比定地である美野島（簑島）も平地であり、山城があったような地形ではない。

ここで注目されるのが、高良《こうら》山の主山塊が耳納《みのう》山であることで、神籠石系の推定年代からみて蓋然性は高い。高良山城が三野城に比定できるとすると、稲積城も北部九州の神籠石系山城のいずれかということになりそうだ（向井　二〇〇一）。

征隼人軍と鞠智城

鞠智城を隼人対策の拠点と捉える考え方は、近年さかんに提唱されるようになったが、六九八年の繕治記事の段階ではまだ少し早い感がある。

筑紫大宰の南方進出は、文武朝の七〇〇年頃からで、薩摩隼人征討後の七〇二年（大宝二）に薩摩国（唱更国）・多褹嶋《たねがしま》が建国、七一三年（和銅六）の大隅国建国後、七二〇年（養老四）に今度は大隅で隼人の大反乱が起る。

隼人の反乱は西海道の軍団兵士が動員されており、鎮圧軍の経路上に位置する鞠智城《きくち》も活用されたと思われるが、兵員の滞在は一時的なもので城内に駐屯した痕跡はないことから、隼人対策だけを鞠智城修築の第一義的な要因とすることはできない。

鞠智城修築を隼人対策と捉えるならば、同年の大野城や基肄城の修築も隼人対策となってしまう。六九八年の繕治記事は西海道地域全体における大宰府体制の整備の一環として捉えるべきだろう。隼人反乱は七二〇年を最後に収束したため、東北の城柵のように軍事的緊張はつづいてはいない。

なお大隅国分寺東方には城山遺跡（標高一九二・五メートル）があり、七二〇年の隼人の反乱拠点の伝承もある（隼人城・曽於乃石城）。山頂は平坦だが周囲は急崖で国府の逃げ城として使われていた可能性もあろう。

奈良時代以降の古代山城

奈良時代、金田城に防人はいなかった

「対馬《つしま》の嶺は　下雲あらなふ　上の嶺に　たなびく雲を　見つつ偲はも」
（対馬の山には下の方には雲がかからない。〈だから〉上方にそびえている峰にたなびく雲を見ながら、お前のことを思い出そう）

『万葉集』巻十三・三五一六に収録された防人《さきもり》歌である。防人として対馬にいる東国の男が妻を思い出しながら現地で作ったものといわれている。白村江《はくすきのえ》の敗戦によって対馬は国防の最前線となり、東国からやってきた防人たちが国境の海を睨んでいた。金田《かなた》城の山頂からは一三〇〇年前に防人が見たであろう水平線を望むことができる――というといかにも郷愁を呼ぶ景色だが、奈良時代には金田城は廃墟となっていたらしいのだ（美津島町　二〇〇〇）。

防人の守備地については具体的にどの地点に配備され駐屯していたかを示す資料はほとんどない。奈良時代に防人は何度か停止と再置を繰り返しているが、対馬・壱岐《いき》は辺要の地ということでずっと維持されていた。当然金田城は対馬防衛の要として防人もたくさん詰めていたと思われていたのだが、発掘調査の結果、八世紀以降の遺物は出土していない。須恵器《すえき》は七世紀半ばころのものと七世紀末ころのものが多く、七世紀半ばは築城時、七世紀末は修築時のものと考えられている。

図45　金田城 平面図

金田城では、城門が七世紀末に掘立柱から礎石建てに建替えられているようだが、八世紀初め頃、廃城になったらしい。城内の建物には礎石建てはなく小規模な掘立柱のものしか見つかっていない。

高安城の廃城

七〇一年（大宝元）、高安城《たかやす》が廃された。七一九年（養老三）には備後国《びんご》の茨城《いばらき》と常城《つねき》が停止されているが、同年の軍団制縮小（志摩・若狭・淡路《あわじ》の軍団廃止や諸国の軍団兵士数の削減）に関連する事柄として修史局に取り上げられたとみられるので、同じ頃、瀬戸内の古代山城の多くが廃城になったようだ。

八世紀初頭、ほとんどの古代山城が廃城となり姿を消す。大宰・総領制から国制に移行して存立基盤を失ったと考えられている。国単位では維持ができなくなった、対唐の防衛シフトから対新羅の防衛へ移行したなど、いろいろな説が唱えられているが、瀬戸内地域で古代山城がなくなることは事実である。

九州だけは大宰府という形で大宝令制下も西海道を総監する機構が維持されたため、大野《おお》・基肄《きい》の二城は維持されたらしい。鞠智《きくち》城は九世紀後半まで文献記録があるため、大野《の》城などと共にこの時期も継続されたと考えられてきたが、八世紀代の遺物がほとんどないことが発掘調査によって判明した。城壁は残っているし、建物も高安城のように破却されなければ残るが、人がいないというのではもはや「城」としての機能を維持しているとはいいがたい。鞠智城の場合、八世紀半ば以降、貯水地の維持メンテナンスもされなくなるという事実からみて、金田城と同様八世紀初めの時点でいったん廃城となったと考えられる。

七一二年（和銅五）平城遷都に伴い高安烽《とぶひ》が廃止され、生駒山の南、暗峠に高見烽が新設された。難波方面からの通信を平城京へ通じさせるための烽ルートの変更だった。ちなみに奈良・春日山の麓、飛火野には高見烽から通信を受ける烽があったといわれている。烽燧は白村江戦後、対馬・壱岐《いき》・筑紫《つくし》など北部九州沿岸に設けられたが、この頃には瀬戸内海沿いに畿内・藤原京にまで達する烽ルートが完成している。『出雲国風土記《いずものくにふどき》』によると出雲各地に烽が設けられているので、山陰道方面の烽火も八世紀初めまでに整備されていた可能性がある。烽の存在を示す「烽家」墨書土器が出土した飛山遺跡の存在から東国にも烽が設けられていたことが明らかとなっている。

烽と駅路《えきろ》は、国府、郡衙《ぐんが》そして軍団といった律令国家の主要施設を結び、さらに関、津、戍《まもり》といった軍事的要地もそのネットワークに組み込んでいた。山城による防衛体制は日本では根づかず八世紀初めに崩れてしまうが、律令国家は全国的な戸籍に基づく徴兵によって巨大な軍団制と駅路・烽燧網による交通・通信インフラによって城郭を持たない新たな防衛体制を模索していったと考えられる。

『三国史記』の謎の記事

「日本国兵船三百艘、海を越えて我が東辺を襲う。王将に命じて出兵し之を大いに破る」

（日本国の兵船三百艘が、海を越えてわが国〈新羅〉の辺境を襲った。王は将

図46　関門城（新垈里城）水口

軍に命じて出兵し、大いに日本軍を撃破した）

『三国史記』新羅《しらぎ》本紀の聖徳王三十年（七三一）四月の条に謎の記事がある。日本の兵船が新羅を襲ったというのだが、日本側にはこれに照応するような記載はまったくない。襲ったのは海賊だったとか、天平宝字の新羅遠征計画の頃の事実を新羅本紀が年次を誤ったとする意見もある。新羅は七二二年にも王都慶州の南、毛伐郡に関門城を築いて日本に備えているが、この頃も日本側に対応する記載はみあたらない（鈴木靖民　一九八五）。

天武朝が親新羅政策をとったため、日羅関係は一時的ではあるが互いに使節を送り合う蜜月状態になった。遣唐使が中断した時代が七〇一年まで三十年余つづくのに対して、統一新羅との間には、六七三年（天武二）から六九〇年（持統四）まで遣新羅使が一〇回、新羅からの遣日使は二五回にのぼった。次の持統朝も同様に親新羅政策をとったが、新羅に対しては対等の関係を認めず、日本への朝貢外交を強いた。新羅は唐との冷戦状態がつづいていたため日本への低姿勢をとった。

八世紀以降も新羅使節による朝貢外交によって日羅関係に大きな影響はなかったが、渤《ぼっ》海《かい》の建国（六九八年）によって東アジアのパワーバランスが変化しはじめる。特に七一八年に大武芸が即位すると、「大いに土宇（土地と居宅）を斥く、東北の諸夷畏れてこれに臣（属）す」とあるように靺鞨《まっかつ》諸部の首領勢力を糾合していった。渤海の勢力拡張は新羅の旧高句麗領への北進を阻止する形になった。毛伐郡《もうばつぐん》城の築城記事の前年に新羅は渤海との国境地帯で長城を建設している。新羅の南北での長城建設は互いに関連した防衛策と考えられる。毛伐郡城の工事中の七二一年に新羅使は筑紫から放還されており、前年の遣新羅使が見た毛伐郡城の工事に対する非難であったとみられる。

七二二年の毛伐郡・関門城の築城は、渤海の建国と二代王・大武芸の積極策から新羅が防衛体制を整備しようとしたことが原因だった。実は七三一年の日本兵船事件にも渤海が関わっているのである。

渤海の遣使と唐渤戦争の危機

大武芸の領土拡張政策は北辺の黒水靺鞨を刺激し、黒水靺鞨は唐に接近、その庇護を求めた。唐は七二五年、黒水都督府を置き、翌年には黒水州を建て、長史（州の長官・刺史の属官）を派遣して管轄下に置いた。この動きに対して孤立化を怖れた大武芸は七二七年、日本へ初めての使者を送ってくる。

はじめて来日した渤海の使節が日本との武力提携を画策したものだったとみる見解は渤海の対外戦略上十分にありうべきことで、七三〇年代以降の東アジアの国際情勢は、唐・新羅・黒水靺鞨と日本・渤海という対抗関係が形成された（濱田　二〇〇〇）。

七二六年、黒水靺鞨攻撃の渤海軍から大武芸の弟・大門芸が唐へ亡命する。武芸は唐との戦争を決意し、ついに七三二年、渤海は唐の山東半島の登州を攻撃した。登州には唐の海軍基地があり、遼東半島や朝鮮半島への海上交通の要衝であったが、渤海は海上から攻撃し刺史を殺害した。この攻撃に対して唐は渤海への遠征軍を準備するとともに、新羅へ要請して渤海南辺への出兵準備に入った。唐の要請により、七三三年、新羅は渤海の南境に侵攻したが大雪のため失敗してしまう。

唐と渤海の戦争の危機はこの作戦の失敗により、結局全面衝突は回避された。国際情勢の変化の中では唐と新羅の関係が改善されたことが重要で、唐は新羅の浿江（大同江）以南の領有を認めることになる。これを受けて、七三四年（天平六）には新羅が国号を王城国と改称して日本から入貢拒否に合うという事件も起こっている。

天平の節度使設置

日本兵船事件のあった翌年の七三二年は東海・東山・山陰・西海道に節度使が任じられている。これは対新羅外交の緊張に対する軍事的対応だったといわれている。前年に畿内に惣管《そうかん》、山陽・山陰・南海道に鎮撫使《ちんぶし》が設置されているから、少し前――渤海使の頃から緊張状態はあったのかもしれない。実際、七二七年の新羅使のあとは六年ものブランクが空いている。節度使は地方の行政・軍事を統括する官職である。山陰・西海両道では新羅の来寇《らいこう》に備えて軍備が整えられていった。七三一年の日本兵船事件は唐と渤海の戦争の危機、渤海との軍事同盟、渤海の登州攻撃、羅唐と日渤の対立といったコンテクストの中で起こった事件として見直されるべきだろう。

新羅遠征計画と怡土城

七五六年（天平勝宝八）六月から築城がはじまった怡土《いと》城について、新羅征討計画に関連して企画されたとされることが多いが、新羅征討計画自体の準備は七五九年（天平宝字三）から開始されたので怡土城起工が数年早い。王城国改称問題の後、冷え切っていた日羅関係であるが、七五三年には長安で開催された唐の朝賀の儀式で遣唐使大伴《おおともの》古麻呂《こまろ》が新羅の使者と席次を争い意を通すという事件が起こっている。この時、唐は日本側の主張を受け入れ新羅を下位に置いた。この年八月、新羅の景徳王は遣新羅大使・小野田守《おののたもり》を「慢而無礼」として会見を拒絶し、田守は使命をはたさず帰国した。この事件を契機に官人の間に新羅征討の意見が台頭したという。

怡土城築城を専当した吉備真備《きびのまきび》は、唐から帰国した翌年の七五四年、大宰大弐に任命されている。この時小野田守は大宰少弐に再任されており、怡土城の築城計画は田守によるところが大と思われる。いわば対新羅政策に基づく新規築城といえる。

小野田守は七五八年には遣渤海大使として渤海に渡り、渤海使・揚承慶らを随行して帰国する。田守の派遣に際して藤原仲麻呂の邸宅で餞別の宴が催されていることが『万葉集』に伝えられるが、田守の派遣に仲麻呂が深く関与していることは間違いない。当時唐で発生していた安史《あんし》（安禄山《あんろくざん》）の乱の状況についての田守の報告を受けて新羅征討計画が命じられたのであるが、新羅を仮想敵国とする日渤の軍事同盟の交渉に当たったのも小野田守であった。

七六二年を目途に準備が進められていた新羅征討計画は軍船三九四隻、兵士四万七〇〇人を動員する本格的な遠征計画だったが、この年の暮れ頃、突然中止されてしまう。新羅征討計画の中止については、藤原仲麻呂の権力集中のための見せかけの出兵計画にすぎなかったとしたり、仲麻呂政権をめぐる国内情勢の変化に求める意見もあるが、この年来日した渤海使・王新福によって渤海側の事情・方針の変化が伝えられたのが真相らしい（石井　一九七四）。

八世紀の東アジアにおける軍事的緊張はからくも戦争には至らなかったが、注目すべきは日本が律令官僚の計画に基づいて戦争準備が可能な国家に成長していることである。巨大な軍団制や交通・通信インフラに支えられた律令国家の軍事力は百年前の白村江の時代

図47　怡土城 図面（『怡土城とその時代』より）

とは比べるべくもない。

怡土城について

怡土城は糸島《いとしま》市と福岡市との境にある高祖山《たかすやま》（標高四一六メートル）に築かれた周囲八キロの古代山城である。古代山城といっても七世紀後半に築かれた古代山城とはかなり構造が異なっているのが特徴で、高祖山の山頂から平地部にかけて西斜面一帯を広く囲い込むように城郭を形成しており、中国式山城といわれる所以である。山頂から尾根伝いに九ヶ所の望楼跡と西の山裾には約二・五キロにわたる土塁が確認されている。土塁の幅は場所によって異なるものの調査された地点では幅約二〇メートル、高さ約七メートル、土塁の形態は水城《みずき》と類似しており幅約一〇メートルの内濠も付いている。望楼跡は礎石建てで巨大な厚手の平瓦が出土している。大鳥居口、大門口、染井口など山麓の土塁に三ヶ所ほど城門が残っているが、城内の施設についてはよくわかっておらず、今後の調査探索の課題となっている（鏡山　一九三六）。

古代山城の終焉

平安時代の大野城

「大野城衛卒粮米、旧に依り城庫に納むべき事。……此城衛卒四十人の粮米毎月廿四斛、元来城庫に納む」

（大野城の衛卒の兵粮米を元のように城の倉庫で保管する件について。……大野城の衛卒四十人に毎月支給している兵粮米二十四石を以前は城の倉庫で保管していた）

これは『類聚三代格《るいじゅさんだいきゃく》』貞観十八年（八七六）三月の記事で、この頃大《おお》野《の》城《じょう》を守衛していた兵士が四〇人いたことがわかる。

四〇人というだけでも非常に少ない人数だが、実際は交代勤務なのでわずか一〇人となる。城内の主要な倉庫群の出入り口を守るのがやっとの人数だろう。一人年間七・二石の計算になるので一人が食べる分だけでなく家族や給料分も含んでいる数字と思われ、史料的にも興味深い。

大宰管内の軍制は、八二六年（天長三）軍団制が廃止され「選士《せんし》統領（選士衛卒《せんしえいそつ》）制」に移行している。選士や衛卒たちの任務は大宰府や博多大津など大宰管内の要地警備であったが、大野城の警備と修理も彼らの役目だった。

当時維持されている大野城の城門は北の宇美口と南の太宰府口だけで、城壁の維持管理などはもはやできない。築城当初の古代山城とはかなり異なる実態であったと推察される。堅固な城壁に囲まれた面的に広大な施設というよりも二ヶ所の城門と数ヶ所の倉庫群を結んだだけの点と線の小規模な施設となっていたと思われる。

城内の寺院・宗教施設

奈良時代の末頃の七七四年、大野城に四王院が新羅など異敵調伏《ちょうぶく》祈願のため設けられた。現在でも山頂には古瓦が散布し毘沙門堂《びしゃもんどう》が残る。経塚《きょうづか》も多数発見されている。基肄《きい》城では「山寺」と書かれた墨書土器（八世紀末頃）が出土しているが、外部からの搬入品とする意見もある。基肄城のある基山《きやま》には坊中山という山岳寺院を思わせる地名も残っており、将来の調査が待たれる。鬼ノ城《きじょう》では瓦塔片が出土しており、城内の礎石建物のあった場所を再利用する形で平安期に山岳寺院が造られている。

他の古代山城の場合も廃城後、平安期に宗教施設が設けられている事例は多い。高良山《こうら》城の高隆寺（高良大社）や石城《いわき》山城の石城神社、屋嶋《やしま》城の屋島寺、常《つね》城の青目寺、高安《たかやす》城の信貴山朝護孫子寺など、瀬戸内の古代山城を中心に山岳寺院や式内社が設けられている。平安期は国家仏教の時代であり、山城の跡地が国家の管理下にあったことがうかがえる。

九世紀代の鞠智城については、「新羅海賊の来寇」による新たな対外的な危機を背景として、鞠智《きくち》城が重視されたという意見が多い。

新羅海賊の来寇

八六九年（貞観十一）の博多湾での新羅海賊による貢船略奪や八九三年（寛平五）の有明海への侵入事件は、律令政府や大宰府の不安が現実になったものといえる。しかし新羅敵視策は九世紀前半代に始まっており、統制貿易を建前とする律令政府にとっては東シナ海で活発化する新羅海商の活動そのものが危機感を抱かせる背景であった。

新羅海商の首領である張宝高と結んだ筑前《ちくぜん》守・文室宮田麻呂《ふんやのみやたまろ》の事件（八四一年）や大宰少弐《しょうに》・藤原元利麻呂《ふじわらのもりまろ》の新羅王と通じた謀反《むほん》事件（八五八年）など、新羅海商の活動は地元大宰府の官人をも巻き込むものとなっていた。八四二年（承和九）以降の在留新羅人及び新羅商船敵視策が新羅海賊の実像であり、大宰府による統制貿易に対する九州の郡司・富豪層の急進的な動きは、八六六年、肥前国基肄郡大領・山春永《やまのはるなが》を中心とする対馬奪取計画に至る。

軍団兵士が戦闘の役に立たない状況下で考え出されたのが選士統領制である。「弓馬之士」を募兵する選士制では人員的に律令軍団にはとうてい及ばない少人数であり（八一三年の太政官符による減定前の西海道六国の兵士数一万七一〇〇人に対して、選士は一七二〇人、衛卒二〇〇人で、およそ十分の一の規模）、おまけに四交代年間九〇日勤務なので、博多湾や大宰府など要所を守衛することしかできない。もちろん新羅海賊が博多湾などへ侵入したとしても大宰府の官民が大野城に籠城する必要などないのだから、警察的な兵力で事足りたといえる。

期待された選士制だが、寛平年間（八八九〜九八）の新羅船入寇事件では活躍を見せず、大宰府管内では最終的に東北地方の俘囚軍が配備されている。

菊池城院と公営田制

鞠智城が再び文献記録に登場するのは八五八年（天安二）のことだが、この時は「菊池城院」と呼称も変わっていた。この名称変更を根拠に管理主体まで大宰府から肥後《ひご》国や菊池郡に移ったとする意見が出されているが、そこまでは読み取れない。菊池城という名称を継続しつつ単に城でないところに鞠智城の復興期の性格が表出されていると思われる。

九世紀代の西海道《さいかいどう》においては連年凶作・飢饉・疫病が流行していた。九世紀初め頃からの未曾有の不作と飢饉に加えて疫病の流行によって、調庸《ちょうよう》の未納、出挙稲《すいことう》の回収不能など律令財政の破綻が進行、死亡人口分田《くぶんでん》・絶戸田《ぜつこでん》など班田《はんでん》農民を失った田畑が増加し、班田制への影響も看過できない事態になりつつあった。その対策として八二三年（弘仁十四）小野岑守《おののみねもり》によって建議、実施に移された「公営田制《くえいでんせい》」こそ、九世紀から十世紀まで鞠智城の存続した理由を理解する重要な手掛かりだと思う（向井　二〇一四）。

公営田制は、財源獲得と窮民救済を目的として、大宰府管内九ヶ国の総田数七万六六五八七町の内、良田一万二〇九五町を大宰府直営の公営田とし、そこからの収入をもって財源に充てるというものである。公営田の耕作の労働力として、年間約六万人以上の百姓らを徭丁《ようてい》として動員し、耕作百姓は三〇日の耕作が義務付けられると共にその調《ちょう》・庸《よう》は免除された。公営田の収穫の中から、中央へ納入すべき調・庸や耕作百姓への人別米二升の食料・町別一二〇束の報酬（佃功）、溝池修理料などが支給され、その残余がすべて大宰府や国衙《こくが》の収入となった。大宰府管内の本来の正税額は約五〇万束であったが、公営田収入は一〇〇万束以上と本来の二倍となる計画だった。

肥後は西海道諸国の中でも耕地面積が最も広く公営田計画の中心だった。公営田計画対象の一万二〇九五町の内、肥後では収穫量の良い上田《じょうでん》ばかりを三六〇二町耕作することが特記されており、公営田全体の約三〇％を占めていた。実際、他国では四年の試行で中断してしまったのに対し、肥後における公営田は成功し八五五年（斉衡元）にはその継続が申請され裁可されている。記録では八二三年〜五九年までの三六年間が確認できる。八七三年、筑前で公営田の復活が許可されており、肥後でも九世紀末頃まで継続して経営されていた可能性は高い。

九世紀後半の社会不安と古代山城

公営田からの収入を郡衙ではなく、なぜ鞠智城に運び込んだのか――この点については九世紀後半の社会不安を念頭に置かねばならない。それは富豪層による「私的経営」の激増と「群盗」の多発で、瀬戸内海では「海賊」も横行していた。大宰府管内の対馬と筑後では一種の反乱ともいうべき国守襲撃事件まで発生している。八五七年の対馬守・立野正岑《たてのまさみね》殺害事件と八八三年（元慶七）の筑後守・都御酉《みやこのみとり》殺害事件で、組織化された武力に対して国衙が軍事的にいかに弱体であるか暴露した。

このような群盗行為に対して城内であればある程度略奪などを防ぐ効果が期待されたとみたい。大野城などで倉庫群をあえて山城内に設けた理由も倉庫の保全が背景にあったと考えられる。

発掘調査による考古学的な事実としては、鞠智城が九世紀代に倉庫群として活用されていることであり、その背景として大宰府と肥後国を中心とする飢饉対策――公営田制があったと考えれば疑問は氷解すると思う。鞠智城の最後の姿は大農業経営の拠点であり、これは有名な米原の長者伝説に通じるものがある。公営田制は九世紀後半～十世紀にかけて崩壊していく律令体制を守る施策として登場する。そういう意味では九世紀の鞠智城も律令国家を守る「城」だったといえるだろう。

大野城や鞠智城がいつ頃使われなくなったかは記録がなくよくわからない。八世紀の初め、唐の侵略の可能性が消えた時点で古代山城の時代は終わっていたといえる。

伝説となる古代山城——エピローグ

根づかなかった防衛システム

朝鮮式山城《さんじょう》は高句麗《こうくり》と大陸勢力との戦闘の中で生み出された山城であり、侵略軍を撃退するための弱者の戦略的な城郭といえる。高句麗の防衛システムは、国境防衛線である「前縁防御体系」、国境から王都までの敵の侵攻ルートに沿った「縦深防御体系」、王都を守る「衛星防御体系」の三つが組み合わさって構成されているといわれている。

侵略軍を撃退するためには、長く籠城《ろうじょう》できることが非常に重要になってくる。そのため縦深防御体系を構成する山城群の守りが堅いことが要求された。百済《くだら》が滅亡した原因は国土の縦深性の低さもさることながら、百済の防衛の主力がそれまで新羅《しらぎ》との国境防衛にあったこと、そして新羅・唐による東西挟撃に対する内線作戦の失敗が滅亡へとつながった。羅唐戦争における新羅は臨津江付近まで攻め込まれながら、辛くも唐を撃退できたのは朝鮮半島の南北に長い縦深性によるところが大きい。

朝鮮式山城は七世紀中葉の日本にとって唯一の防衛システムだったわけだが、島国である日本にとってはたして有効だったかはわからない。日本は大陸から海で隔てられているとはいえ、その国土の形状は東西に長い一方で幅は狭く縦深性が高いとはいえない。また当時の為政者層に国内を戦場とするこの防衛システムが正しく理解されていたかどうかも疑問が残る。日本の防衛の基調は「水際作戦」であり、これは防人《さきもり》に始まり元寇《げんこう》の時（弘《こう》安《あん》の役《えき》・一二八四年）に築かれた石築地《いしついじ》（元寇防塁）にも通じる。敵にまず攻めさせて持久する「縦深防御」とは相いれないものだからだ。

統一新羅・渤海《ぼっかい》といった朝鮮半島の国家群の成立によって、地政学的に半島が緩衝地帯となると、再び城郭を持たない国に日本を引き戻すことになった。国土を戦場とする山城による防衛体制は、それまで外国軍に蹂躙された経験のない日本ではもともと根づかないものだったのかもしれない。

伝説化する古代山城

石清水八幡宮《いわしみずはちまんぐう》の霊験記《れいげんき》として鎌倉時代後期に成立した『八幡愚童《はちまんぐどう》訓《くん》』によると、五〇〇年余り後の元寇の時（文永《ぶんえい》の役・一二七四年）、博多湾で敗れた鎌倉武士団は「水木城（水城《みずき》）」まで退いて総崩れになることを免れたという。

水木城は、前が深田で道が一つしかなく、山の間三十余町に高く急な岸（土手）を築いており、城戸口には磐石門があったが、当時は礎石だけになっていたと、伝えている。最近では『八幡愚童訓』の史料性は疑問視されているが、水城跡の様子は考古学的調査とも符合し、水城への撤退がなかったとしても、水城跡の記述は実地の見聞によると思われる。興味深いのは、神功《じんぐう》皇后が一夜で建設したという記述で、遺跡が伝説化しつつあることがうかがえる。

古代山城の伝説化というと、吉備津《きびつ》神社に伝わる「温羅《うら》伝説」が有名だ。「桃太郎」のモチーフとなった温羅伝説は、崇神《すじん》天皇の頃、異国から飛来して来た鬼神・温羅が「鬼ノ城」に拠って吉備の人々を苦しめたので、大和から彦五十狭芹彦命《ひこいさせりひこのみこと》が派遣され、温羅は誅殺されるが、その首は髑髏《どくろ》となってもなお一三年間唸り止まぬので、吉備津神社の釜殿の地下八尺に埋めたというもの。原型は室町時代成立の『鬼城縁起』までさかのぼるという。

高良《こうら》山の列石については、高良玉垂命《こうらたまたれのみこと》が高良山に棲み着いている鬼たちに列石をつくらせたが、一夜で完成しそうになったところを鶏の鳴き真似をして鬼を追い出すことに成功するという昔話もある。『高良記』に記された高良大菩薩と高牟礼《たかむれ》神の伝説が変化したものらしい。鞠智城《きくち》や讃岐城山城《きやま》では、大きな礎石や城壁の跡から連想して長者伝説が語られている。鹿毛馬城《かけのうま》の牧の石、御所ヶ谷城《ごしょがだに》の景行天皇行宮、石城山城《いわきさん》の山姥の穴など、古代山城には伝説が語られていることが多い。後世の人々は山中に存在する巨大な遺跡を前にして人知を超えたものを感じ、神々や鬼に付会した伝説が語られるようになったのだろう。そのような時代には古代山城は遠い過去のものとなっていたことを古代山城の遺跡を歩く時、思い出してみてはいかがだろうか。

あとがき

本書は、古代山城の調査研究の成果を紹介するとともに、神籠石論争から続く長い古代山城の研究史についてもわかりやすく解説したものである。古代山城を正面から取り上げた初めての書籍といえる。

古代山城の遺跡は、七世紀という激動の時代を語る遺産であるにもかかわらず、その築城については長らく謎とされてきたため、歴史資料としてほとんど利用されてこなかった。しかし、最近の調査、研究によって、謎とされた古代山城の築城年代や歴史的背景が明らかになりつつある。巨大な前方後円墳や古代都城にも比肩される規模の古代山城が歴史資料として評価される意味は計り知れない。

古代日本は七世紀代に中央集権的な古代国家を形成する。特に白村江の戦い後に集権化が急速に進められた。中央集権的な国家形成というと、戸籍や徴税制度、軍団制、国郡制など全国規模の国制改革が想起されがちだが、深刻な国際的危機の中、律令国家建設を必死で進めていった背景に古代山城の築城があったことは本書でも述べたとおりである。

古代山城というと対外的な防衛施設と捉えられるが、集権的な国家体制の裏付けがあってこそ防衛ラインは機能する。山城がハードとすれば、国家体制はソフトに当たる。古代山城を見直すことは七世紀の国家形成が目指したものを見直すことになる。そうして初めて古代国家の防衛ラインをよみがえらせることができると思う。

昨今は平成のお城ブームと言われており、女性や外国人観光客までが日本各地の城跡を訪れているという。古墳めぐりも秘かなブームになっている。日本の遺跡の多くは埋蔵文化財の名前の通り発掘調査後は埋め戻され見ることはできないが、城や古墳は本物の遺跡に直に触れることができるのも魅力のようだ。そういう意味では古代山城も歴史を体感できる貴重な場所であり、本書が古代山城への誘いの一書となればと願っている。

私が古代山城をはじめて見たのは御所ヶ谷城である。高校のクラブ活動で見学した時の衝撃は今でも覚えている。鬱蒼とした樹木の中に石造りの建造物がそびえる姿はどこか日本離れして古代のロマンを感じさせるものだった。御所ヶ谷の遺跡にはその後、遺構の悉皆調査に協力することになり、行橋市教育委員会の小川秀樹氏らと共に全山を踏査、シダの生い茂る山中を調査して新しい城門跡を発見した時の喜びは今でも鮮明によみがえってくる。

発足から二十五年を迎えた古代山城研究会は研究者のネットワーク機関として活動するとともに、学際的な研究会を企画・開催して新しい古代山城像の構築も目指している。私も研究会メンバーからは新情報や刺激を受けており、韓国の研究者ともこの研究会を通じて交流することができた。古代山城研究会の存在がなかったら本書を上梓することはできなかったかもしれない。

本書の刊行に際しては、吉川弘文館編集部の一寸木紀夫氏と並木隆氏にお世話になった。特に並木氏の懇切丁寧な編集フォローには大変感謝している。

本書は多くの先学の研究成果に負っている。研究活動を通じて学恩を賜った諸先生方、研究者仲間諸氏に心より感謝したい。さらに私を支えてくれている妻の里江にも感謝することをお許しいただきたい。

二〇一六年十月

向井一雄

参考文献

赤司善彦「筑紫の古代山城」『東アジアの古代文化』一一二号、大和書房、二〇〇二年。

赤司善彦「古代山城の倉庫群の形成について―大野城を中心に―」『東アジア古文化論攷』二　原始古代の考古学、中国書店、二〇一四年。

東潮・田中俊明編著『韓国の古代遺跡』一　新羅篇（慶州）、中央公論社、一九八八年。

東潮・田中俊明編著『韓国の古代遺跡』二　百済・伽耶篇、中央公論社、一九八九年。

東潮・田中俊明編著『高句麗の歴史と遺跡』中央公論社、一九九五年。

阿部義平「古代の城柵跡について」『国立歴史民俗博物館研究報告』第一集、国立歴史民俗博物館、一九八二年。

石井正敏「初期日渤交渉における一問題―新羅征討計画中止との関連をめぐって―」『史学論集　対外関係と政治文化』一、森克己博士古稀記念会編、吉川弘文館、一九七四年。

宇都宮市実行委員会編「シンポジウム　古代国家とのろし」『烽の道―古代国家の通信システム―』青木書店、一九九七年。

愛媛県西条市教育委員会『史跡　永納山城跡Ⅱ―内部施設等確認調査報告書―（平成二十一～二十三年度調査）』二〇一二年。

大阪府立近つ飛鳥博物館『年代のものさし―陶邑の須恵器―（平成十七年度冬季企画展図録）』二〇〇

六年。

岡山県教育委員会『史跡　鬼城山2「甦る！　古代吉備の国〜謎の鬼ノ城」城内確認調査』二〇一三年。

小澤太郎「北部九州における神籠石型山城の配置」『究班』Ⅱ　二五周年記念論文集、埋蔵文化財研究会、二〇〇二年。

小田和利「神籠石と水城大堤―水城築堤工法からみた神籠石の築造年代―」『九州歴史資料館研究論集』二二、一九九七年。

小田富士雄編『北九州瀬戸内の古代山城（日本城郭史研究叢書一〇）』名著出版、一九八三年。

小田富士雄『西日本古代山城の研究（日本城郭史研究叢書一三）』名著出版、一九八五年。

小野忠熈「日本における朝鮮式山城の考古地理学的考察」『日本考古地理学研究』大明堂、一九八六年。

大場磐雄「神籠石所感」『日本城郭史論叢（鳥羽正雄博士古稀記念論文集）』雄山閣、一九六九年。

穎田町教育委員会『国指定史跡鹿毛馬神籠石』一九九八年。

鏡山　猛『日本古文化研究所報告第六　怡土城趾の調査』日本古文化研究所、一九三六年。

鏡山　猛「朝鮮式山城の倉庫群について」『九州古文化論攷』鏡山猛先生古稀記念論文集刊行会、一九八〇年。

狩野　久「瀬戸内古代山城の時代―築造から廃止まで―」『坪井清足先生卒寿記念論文集―埋文行政と研究のはざまで―』坪井清足先生の卒寿をお祝いする会、二〇一〇年。

亀田修一「日韓古代山城比較試論」『考古学研究』四二―三、考古学研究会、一九九五年。

亀田修一「朝鮮半島古代山城の見方」『韓半島考古学論叢』すずさわ書店、二〇〇二年。

韓　善京（松波宏隆訳）「清原南城谷遺蹟の性格」『溝婁』一四号、古代山城研究会、二〇〇九年。

北垣聰一郎「朝鮮式山城と神籠石をめぐる諸問題」『日本書紀研究』第一二冊、塙書房、一九八二年。

九州歴史資料館編『特別史跡水城跡（大宰府史跡ガイドブック1）』九州歴史資料館、二〇一四年。

金　富軾（井上秀雄訳）『三国史記一　新羅本紀（東洋文庫三七二）』平凡社、一九八〇年。

葛原克人「古代山城の特色」『日本城郭大系』別巻Ⅰ、新人物往来社、一九八一年。

熊本県教育委員会『鞠智城跡Ⅱ―鞠智城跡第八～三二次調査報告―』二〇一二年。

倉住靖彦「天智四年の築城に関する若干の検討」『九州歴史資料館研究論集』七、一九八一年。

高　正龍「韓国古代山城」『古代文化』四七―一二、古代學協會、一九九五。

古賀　寿『高良山神籠石研究史序説―神籠石なる名称の由来と明治以前の研究史―』筑後地区郷土研究会、一九六七年。

斎藤　忠「神籠石雑考」『月刊考古学ジャーナル』一一七、ニュー・サイエンス社、一九七六年。

佐伯有清『邪馬台国論争（岩波新書　九九〇）』岩波書店、二〇〇六年。

坂詰秀一「神籠石の名称」『月刊考古学ジャーナル』一一七、ニュー・サイエンス社、一九七六年。

坂本太郎「天智紀の史料批判」『日本古代史の基礎的研究』上文献篇、東京大学出版会、一九六四年。

坂本太郎『日本書紀下（日本古典文学大系第六八）』岩波書店　一九六五年。

佐藤興治「朝鮮古代の山城」『日本城郭大系』別巻Ⅰ城郭研究入門、新人物往来社、一九八一年。

篠原啓方「南山新城碑研究の軌跡」『東アジア文化交渉研究』第七号、二〇一四年。

徐　程錫『百済の城郭―熊津・泗比時代を中心に―』学研文化社（韓国）、二〇〇二年。

白石成二『永納山城と熟田津—伊予国からみた古代山城論—』ソーシアル・リサーチ研究会、二〇〇七年。

鈴木拓也「律令国家と夷狄」『岩波講座　日本歴史』第五巻、岩波書店、二〇一五年。

鈴木靖民『古代対外関係史の研究』吉川弘文館、一九八五年。

鈴木靖民「七世紀後半の日本と東アジアの情勢—山城築造の背景—」『日本の古代国家形成と東アジア』吉川弘文館、二〇一一年。

関野　貞「日本建築史（原史時代—山城）」『アルス建築大講座』第一巻、アルス、一九二七年（『日本の建築と芸術（上）』岩波書店、一九九九年復刻）。

高橋誠一「古代山城の歴史地理—神籠石・朝鮮式山城を中心に—」『人文地理』二四—五、人文地理学会、一九七二年（『日本古代都市研究』古今書院、一九九四年所収）。

高松市教育委員会『屋嶋城跡—城門調査整備事業報告書—』二〇一六年。

田中俊明『古代の日本と加耶（日本史ブックレット七〇）』山川出版社、二〇〇九年。

田村晃一「「神籠石」に関する若干の考察」『青山史学』二、青山学院大学文学部史学研究室、一九七一年。

筑紫野市教育委員会『阿志岐城跡』二〇〇八年。

沈　正輔『百済山城の理解』周留城出版社（韓国）、二〇〇七年。

出宮徳尚「吉備の古代山城試論」『考古学研究』二五—二、考古学研究会、一九七八年。

出宮徳尚「古代山城の機能性の検討」小野忠熈博士退官記念論集『高地性集落と倭国大乱』雄山閣、一九八四年。

直木孝次郎「百済滅亡後の国際関係—とくに郭務悰の来日をめぐって—」『直木孝次郎 古代を語る7 古代の動乱』吉川弘文館、二〇〇九年。

長崎県対馬市教育委員会『古代山城特別史跡金田城跡』二〇〇八年。

西川 宏「瀬戸内地方の古代山城」『城（日本古代文化の探求）』社会思想社、一九七七年。

西谷 正「朝鮮式山城」（『岩波講座 日本通史』第三巻 古代二、岩波書店、一九九四年。

乗岡 実「古代山城」『吉備の考古学的研究』下、近藤義郎編、山陽新聞社、一九九二年。

乗岡 実「地域勢力と古代山城」『古代文化』六二—二、古代學協會、二〇一〇年。

橋本増吉『東洋史上より見たる日本上古史研究』東洋文庫、一九五六年（『邪馬臺国論考1（東洋文庫六一三）』平凡社、一九九七として再刊）。

濱田耕策『渤海国興亡史（歴史文化ライブラリー一〇六）』吉川弘文館、二〇〇〇年。

原田大六「神籠石の諸問題」『考古学研究』六—三 考古学研究会、一九五九年。

福岡県教育委員会『特別史跡大野城跡整備事業V 平成十五年七月豪雨災害復旧事業報告』下巻、二〇一〇年。

美津島町教育委員会『金田城跡』二〇〇〇年。

宮小路賀宏・亀田修一「神籠石論争」『論争・学説 日本の考古学』第六巻歴史時代 雄山閣、一九八七年。

向井一雄「西日本の古代山城遺跡—類型化と編年についての試論—」『古代学研究』一二五、古代学研究、一九九一年。

向井一雄「古代山城研究の動向と課題」『溝漊』九・一〇合併号、古代山城研究会、二〇〇一年。

向井一雄「山城・神籠石」『古代の官衙遺跡Ⅱ（遺物・遺跡編）』国立奈良文化財研究所、二〇〇四年。

向井一雄「古代烽に対する基礎的検討」『戦乱の空間』第六号、戦乱の空間編集会、二〇〇七年。

向井一雄「古代山城論―学史と展望」『古代文化』六二―二、古代學協會、二〇一〇年。

向井一雄「駅路からみた古代山城―見せる山城論序説―」『地図中心』四五三、日本地図センター、二〇一〇年。

向井一雄「鞠智城の変遷」『鞠智城Ⅱ―論考編２―』熊本県教育委員会、二〇一四年。

村上幸雄・乗岡実『鬼ノ城と大廻り小廻り（吉備考古学ライブラリィ２）』吉備人出版、一九九九年。

村上幸雄・松尾洋平『古代山城　鬼ノ城』岡山県総社市教育委員会、二〇〇五年。

村上幸雄「鬼ノ城―城門遺構の調査と出土土器による年代―」『古代文化』六一―四、古代學協會、二〇一〇年。

武藤直治・石野義助「高良山神籠石」『福岡県史蹟名勝天然記念物調査報告書』第五輯、福岡県、一九三〇年。

柳田國男『石神問答』聚精堂、一九一〇年（『柳田國男全集一五（ちくま文庫）』東京、筑摩書店、一九九〇年所収）。

山上　弘「古代山城に関する一考察」『網干善教先生華甲記念考古学論集』網干善教先生華甲記念刊行会、一九八八年。

山尾幸久「大津宮の興亡」『古代を考える　近江』吉川弘文館、一九九二年。

行橋市教育委員会『史跡　御所ヶ谷神籠石Ⅰ』二〇〇六年。

行橋市教育委員会『史跡　御所ヶ谷神籠石Ⅱ』二〇一四年。

横田義章「大野城の建物」九州歴史資料館開館十周年記念『大宰府古文化論叢』上巻、吉川弘文館、一九八三年。

李　進熙「朝鮮と日本の山城」『城（日本古代文化の探求）』社会思想社、一九七七年。

盧　泰敦『古代朝鮮三国統一戦争史』岩波書店二〇一二年。

渡辺正気「神籠石の築造年代」『考古学叢考』中、吉川弘文館、一九八八年。
※小田富士雄編『西日本古代山城の研究（日本城郭史研究叢書　一三）』名著出版、一九八五年の巻末には、一九八三年までの古代山城関係文献目録あり。八四年以降の参考文献リストは、『溝漊』一一号（古代山城研究会、二〇〇三年）に収録。

付　録

付表　古代山城一覧表

	山城名	所在地
1	播磨城山城	兵庫県たつの市
2	大廻小廻山城	岡山県岡山市
3	鬼ノ城	岡山県総社市
4	讃岐城山城	香川県坂出市・丸亀市
5	永納山城	愛媛県西条市
6	石城山城	山口県光市・田布施町
7	御所ヶ谷城	福岡県行橋市・みやこ町
8	阿志岐山城	福岡県筑紫野市
9	高良山城	福岡県久留米市
10	雷山城	福岡県糸島市
11	女山城	福岡県みやま市
12	鹿毛馬城	福岡県飯塚市
13	帯隈山城	佐賀県佐賀市・神崎市
14	おつぼ山城	佐賀県武雄市
15	杷木城	福岡県朝倉市
16	唐原山城	福岡県上毛町

	山城名	所在地
A	大野城	福岡県太宰府市・宇美町
B	基肄城	佐賀県基山町
C	金田城	長崎県対馬市
D	屋嶋城	香川県高松市
E	高安城	大阪府八尾市・奈良県平群町
F	鞠智城	熊本県山鹿市・菊池市
G	長門国の城	山口県下関市?
H	常　城	広島県府中市?
I	茨　城	広島県福山市?
J	怡土城	福岡県糸島市・福岡市
	三野城	
	稲積城	
	三尾城	滋賀県高島市?

著者紹介

一九六二年、愛媛県に生まれる
一九八六年、関西大学経済学部経済学科卒業
一九九一年から古代山城研究会を組織し、
現在、古代山城研究会代表

主要著書・論文
『日本城郭史』(共著、吉川弘文館、二〇一六)
「西日本の古代山城遺跡―類型化と編年についての試論―」(『古代学研究』第一二五号、一九九一年)
「山城・神籠石」(『古代の官衙遺跡 Ⅱ 遺物・遺跡編』、奈良文化財研究所、二〇〇四年)
「古代山城論―学史と展望―」(『古代文化』六二―二、二〇一〇年)

歴史文化ライブラリー
440

よみがえる古代山城
国際戦争と防衛ライン

二〇一七年(平成二十九)一月一日 第一刷発行

著　者　向《むか》井《い》一《かず》雄《お》
発行者　吉川道郎
発行所　株式会社 吉川弘文館
東京都文京区本郷七丁目二番八号
郵便番号一一三―〇〇三三
電話〇三―三八一三―九一五一〈代表〉
振替口座〇〇一〇〇―五―二四四
http://www.yoshikawa-k.co.jp/
印刷＝株式会社 平文社
製本＝ナショナル製本協同組合
装幀＝清水良洋・柴崎精治

ISBN978-4-642-05840-7

歴史文化ライブラリー

1996. 10

刊行のことば

現今の日本および国際社会は、さまざまな面で大変動の時代を迎えておりますが、近づきつつある二十一世紀は人類史の到達点として、物質的な繁栄のみならず文化や自然・社会環境を謳歌できる平和な社会でなければなりません。しかしながら高度成長・技術革新にともなう急激な変貌は「自己本位な刹那主義」の風潮を生みだし、先人が築いてきた歴史や文化に学ぶ余裕もなく、いまだ明るい人類の将来が展望できていないようにも見えます。このような状況を踏まえ、よりよい二十一世紀社会を築くために、人類誕生から現在に至る「人類の遺産・教訓」としてのあらゆる分野の歴史と文化を「歴史文化ライブラリー」として刊行することといたしました。

小社は、安政四年（一八五七）の創業以来、一貫して歴史学を中心とした専門出版社として書籍を刊行しつづけてまいりました。その経験を生かし、学問成果にもとづいた本叢書を刊行し社会的要請に応えて行きたいと考えております。

現代は、マスメディアが発達した高度情報化社会といわれますが、私どもはあくまでも活字を主体とした出版こそ、ものの本質を考える基礎と信じ、本叢書をとおして社会に訴えてまいりたいと思います。これから生まれでる一冊一冊が、それぞれの読者を知的冒険の旅へと誘い、希望に満ちた人類の未来を構築する糧となれば幸いです。

吉川弘文館

歴史文化ライブラリー

平安時代の死刑 なぜ避けられたのか――戸川　点
古代の神社と祭り――三宅和朗
時間の古代史 霊鬼の夜、秩序の昼――三宅和朗

考古学

タネをまく縄文人 最新科学が覆す農耕の起源――小畑弘己
農耕の起源を探る イネの来た道――宮本一夫
O脚だったかもしれない縄文人 人骨は語る――谷畑美帆
老人と子供の考古学――山田康弘
〈新〉弥生時代 五〇〇年早かった水田稲作――藤尾慎一郎
交流する弥生人 金印国家群の時代の生活誌――高倉洋彰
樹木と暮らす古代人 木製品が語る弥生・古墳時代――樋上　昇
古　墳――土生田純之
東国から読み解く古墳時代――若狭　徹
神と死者の考古学 古代のまつりと信仰――笹生　衛
国分寺の誕生 古代日本の国家プロジェクト――須田　勉
銭の考古学――鈴木公雄
太平洋戦争と考古学――坂詰秀一

世界史

中国古代の貨幣 お金をめぐる人びとと暮らし――柿沼陽平
黄金の島 ジパング伝説――宮崎正勝
琉球と中国 忘れられた冊封使――原田禹雄
古代の琉球弧と東アジア――山里純一
アジアのなかの琉球王国――高良倉吉
琉球国の滅亡とハワイ移民――鳥越皓之
王宮炎上 アレクサンドロス大王とペルセポリス――森谷公俊
イングランド王国と闘った男 ジェラルド・オブ・ウェールズの時代――桜井俊彰
魔女裁判 魔術と民衆のドイツ史――牟田和男
フランスの中世社会 王と貴族たちの軌跡――渡辺節夫
ヒトラーのニュルンベルク 第三帝国の光と闇――芝　健介
人権の思想史――浜林正夫
グローバル時代の世界史の読み方――宮崎正勝

各冊一七〇〇円〜一九〇〇円（いずれも税別）
▽残部僅少の書目も掲載してあります。品切の節はご容赦下さい。